新選組袖章《しんせんぐみそでしょう》（市立函館博物館所蔵）
慶応《けいおう》4年（1868）1月の鳥羽《とば》・伏見《ふしみ》の戦い後に新選組に加入した中島登《なかじまのぼり》が所持していた袖章。縦395㎜×横92㎜。新選組のシンボルである「誠《まこと》」の文字とともに、だんだら模様があしらわれている。布には血痕と覚しきシミもみえる。

『戦友姿絵《せんゆうすがたえ》』（市立函館博物館所蔵）
明治《めいじ》2年（1869）の箱館《はこだて》戦争終結後に捕虜となった新選組《しんせんぐみ》隊士中《なか》島登《じまのぼり》が、弁天台場《べんてんだいば》幽閉中に描いたと伝わる。「巻末企画」参照。

虎ハ死して皮を残し人は死して名を残すと、宜なる哉、昌宜名も勇しき、衆雄の長と成りて英名四海に轟き京師に在てハ能く士衆其徳に服し其風を慕ふこと衆星の北辰に向ふか如し、又皇国の為に常ニ慷慨尽力す、其功《いさお》し挙て数へかたし、生質賢勇にして能事ニ臨んて動せす、変に応して奇策を巡らす、大量なる事、実に主将の器といふへし、嗟惜哉、時に合す、運拙くして終に擒に逢ひ官軍の陣門に到といへとも議論□《は》晴天白日の如し、人皆服せさるハなし、然れとも猶賢を悪ミ能を忌の逆意有て終に慶応四つのとし始夏の廿五日板橋の辺りにて誅せらる、死して面色猶常の如し、三尺の童子も是を聞て巾を沾し歎かさるハなし、古今無双の俊潔（傑）といいつへし、（後略）

※近藤勇の経歴は本文を参照

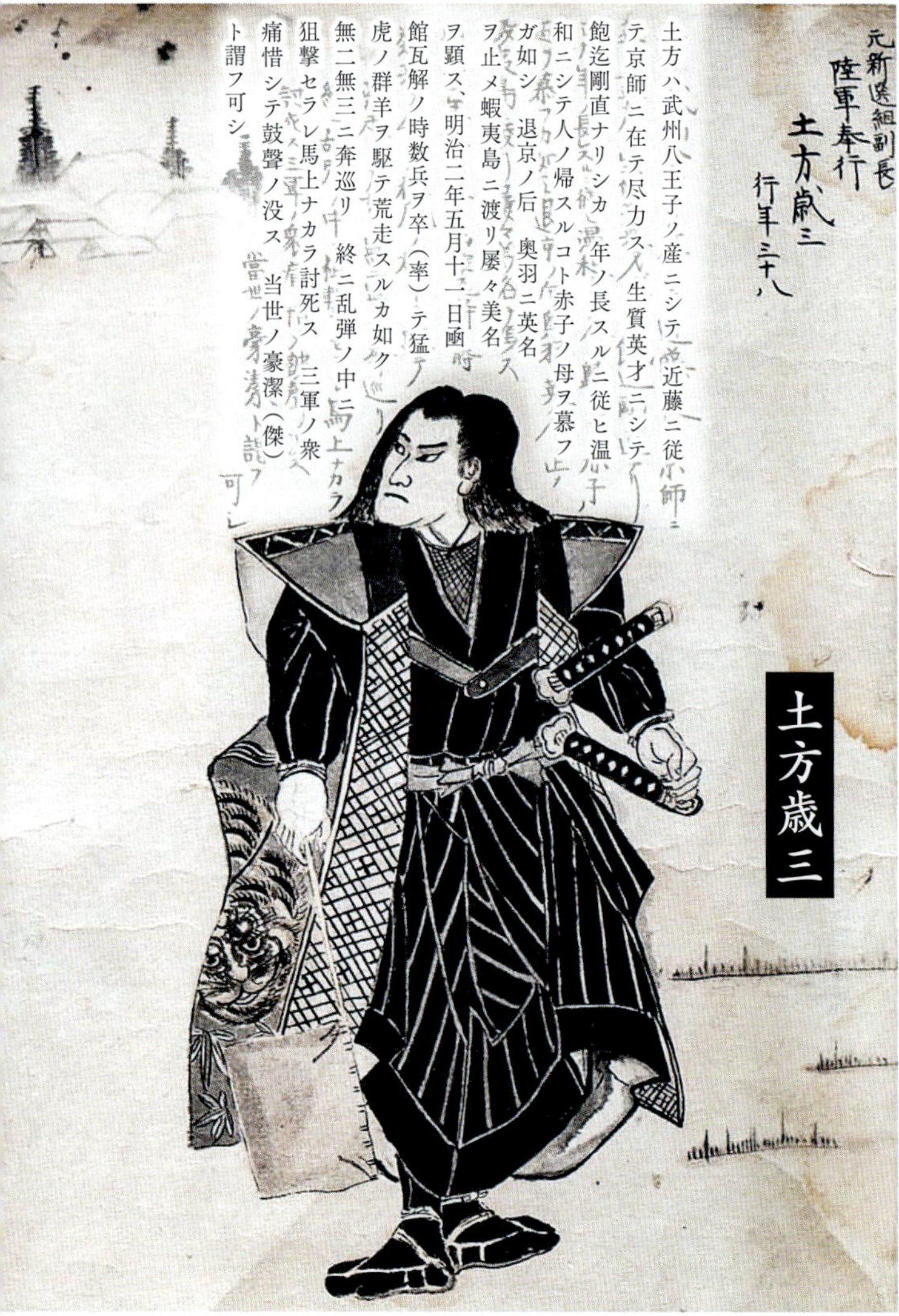

土方ハ武州八王子ノ産ニシテ近藤ニ従テ京師ニ在テ尽力ス生質英才ニシテ飽迄剛直ナリシカ年ノ長スルニ従ヒ温和ニシテ人ノ帰スルコト赤子ノ母ヲ慕フガ如シ　退京ノ后　奥羽ニ英名ヲ止メ蝦夷島ニ渡リ屡々美名ヲ顕ス、明治二年五月十一日函館瓦解ノ時数兵ヲ卒（率）テ猛虎ノ群羊ヲ駆テ荒走スルカ如ク無二無三ニ奔巡リ　終ニ乱弾ノ中ニ狙撃セラレ馬上ナカラ討死ス　三軍ノ衆痛惜シテ鼓聲ノ没ス　当世ノ豪潔（傑）ト謂フ可シ

※土方歳三の略歴は51頁参照

山口二郎［斎藤一］

※斎藤一の略歴は52頁参照

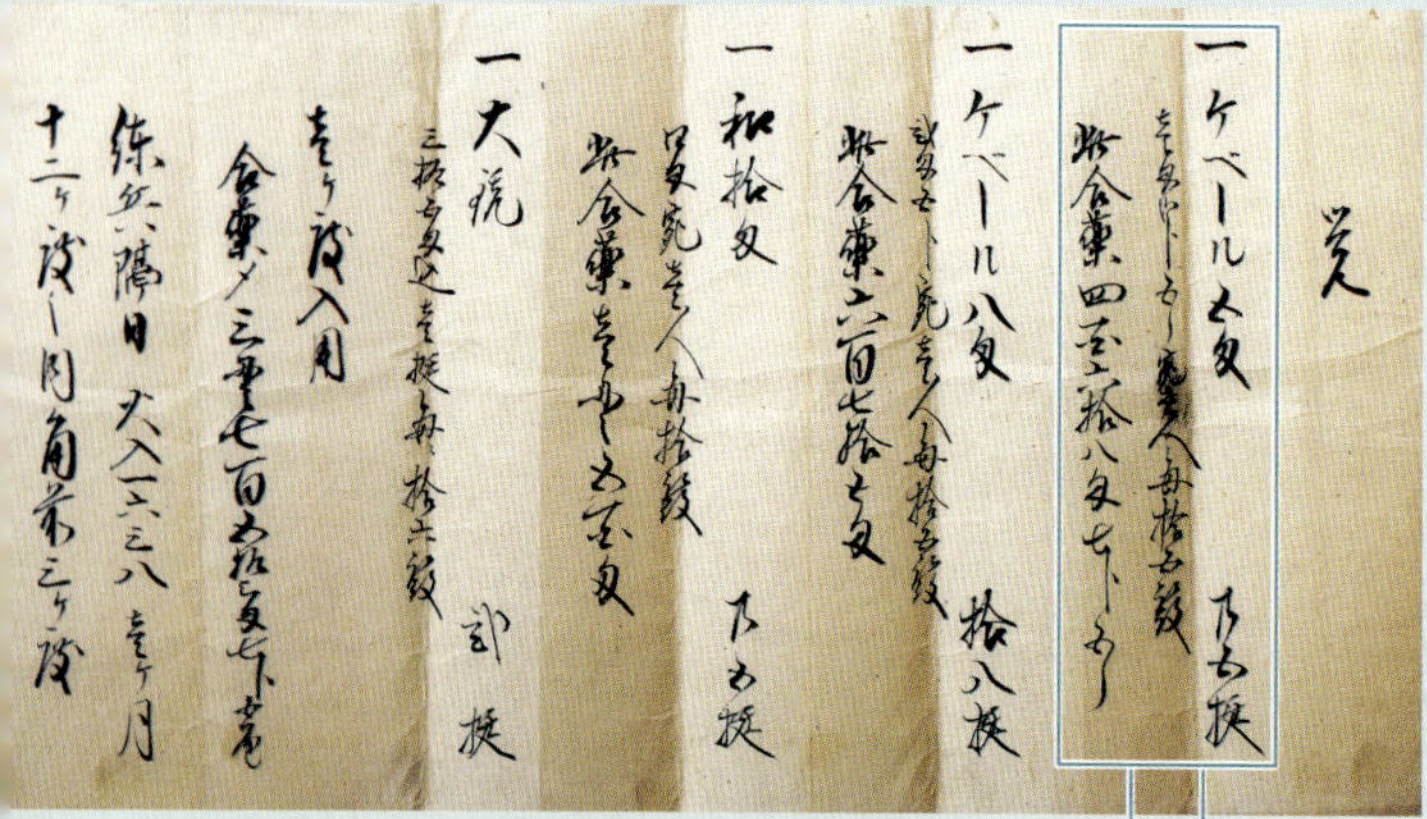

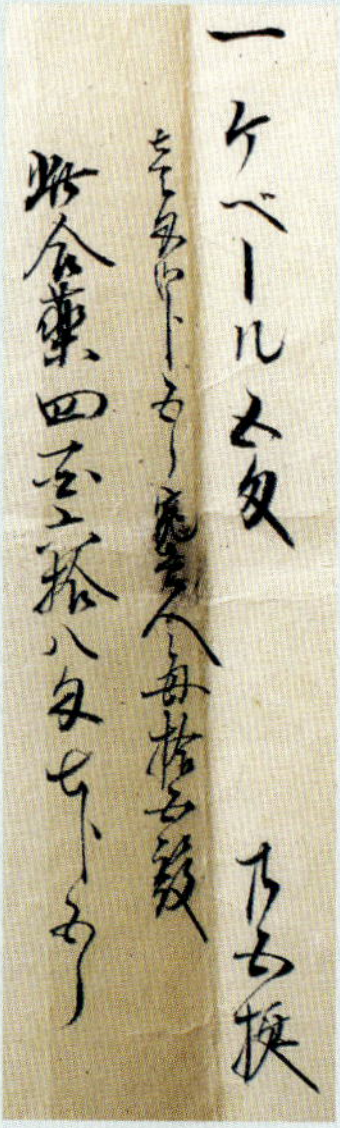

再発見スクープ 1

新選組が「洋式調練」を行うために江戸幕府に提供を求めた物資一覧

覚

一　ケベール五匁　廿五挺
　壱匁弐分五厘宛　壱人毎拾五発
　此合薬四百六拾八匁七分五厘
一　ケベール八匁　拾八挺
　弐匁五分宛　壱人毎拾五発
　此合薬六百七拾五匁
一　和拾匁　廿五挺
　四匁宛　壱人毎拾発
　此合薬壱貫五百匁

新選組《しんせんぐみ》といえば「剣豪集団」というイメージが強いが、それとは真逆の姿をいまに伝える資料が現存している。幕末の京都で新選組は市中警備を行っていたが、欧米列強とも互角に渡り合える戦闘部隊となるために、洋式調練を重ねていたの

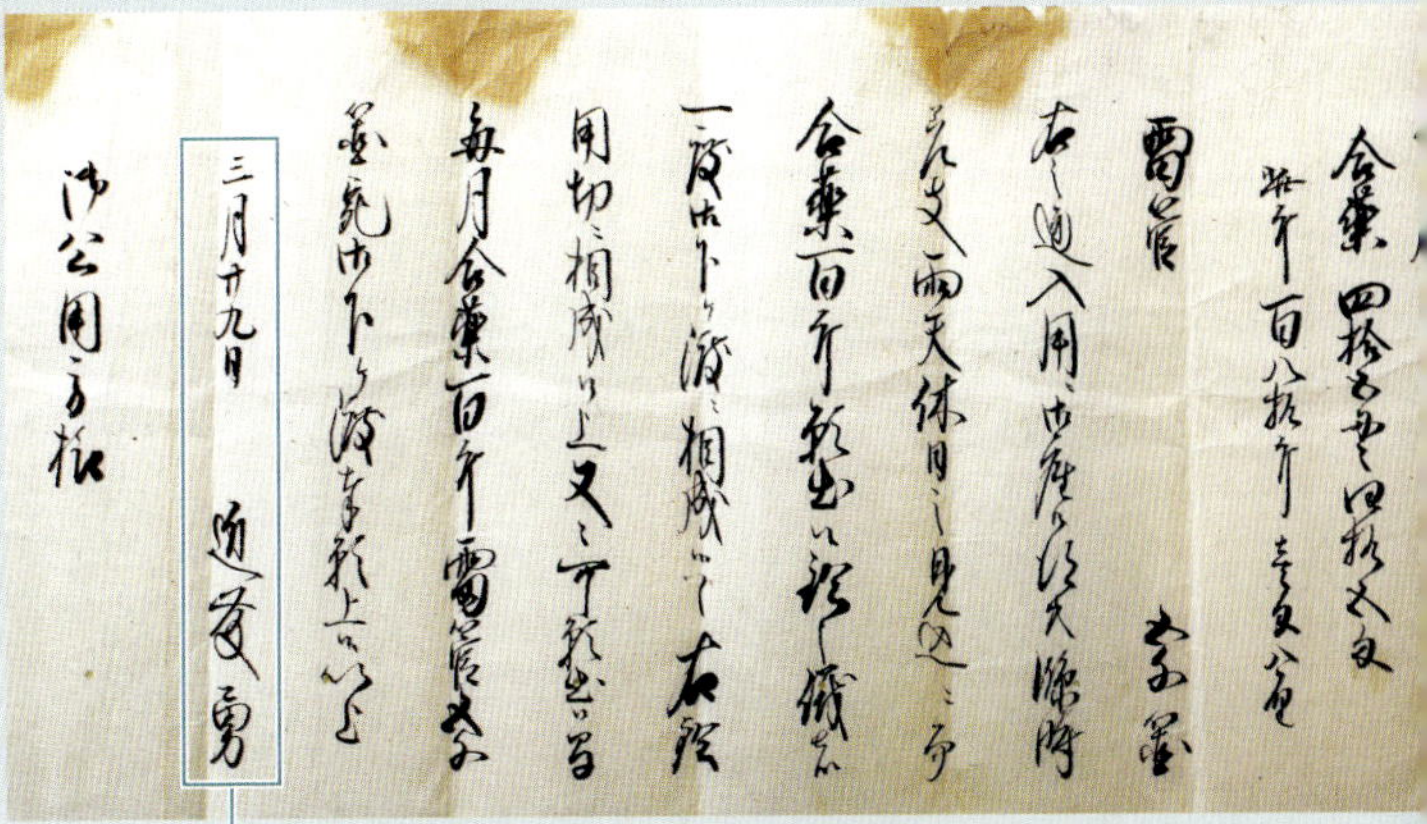

一　大銃　　弐挺
三拾五匁込　　壱挺毎拾六発
壱ヶ度入用
合薬〆三貫七百五拾三匁七分五厘
練兵隔日　火入一六三八　壱ヶ月
十二ヶ度之内角前三ヶ度
壱ヶ月分
合薬　四拾五貫四拾五匁
此斤百八拾斤壱匁八厘
雷管　　五千箇
右之通入用ニ御座候得共、臨時
差支・雨天休日之見込ニ而
合薬百斤願出候、鎗之儀は
一度御下ヶ渡ニ相渡候ハヽ、右鎗
用切ニ相成候上、又々可願出候間、
毎月合薬百斤・雷管五千
箇宛御下ヶ渡奉願上候以上、
三月廿九日　近藤　勇
御公用方様

だ。

写真は近藤勇《こんどういさみ》が「五匁《もんめ》」と「八匁」のゲベール銃と和銃《わじゅう》・大銃《だいじゅう》を所持しており、それに応じた「合薬《ごうやく》（火薬）」「雷管《らいかん》」の下げ渡しを江戸幕府《えどばくふ》に願ったものである。近藤自身が積極的に、新選組の洋式武装化を望んでいたことがわかる。

日付は「3月29日」となっているが、年次は不明。しかし慶応《けいおう》2年（1866）もしくは同3年（1867）のものと推定される。第11節参照。

「近藤勇　雷管等下げ渡し願」
（国立公文書館所蔵「多聞櫓文書29866」）

「久里浜《くりはま》応接館《おうせつやかた》に向かうペリー提督」
（国立国会図書館所蔵『幕末、明治、大正回顧八十年史』第１集所収〔原書『ペルリ遠征記』所載〕）

日本人を威圧するかのように
描かれたマスケット銃隊

再発見スクープ 2

ペリーの日本上陸部隊を全滅可能な日本側の配備の様子を描いた絵図

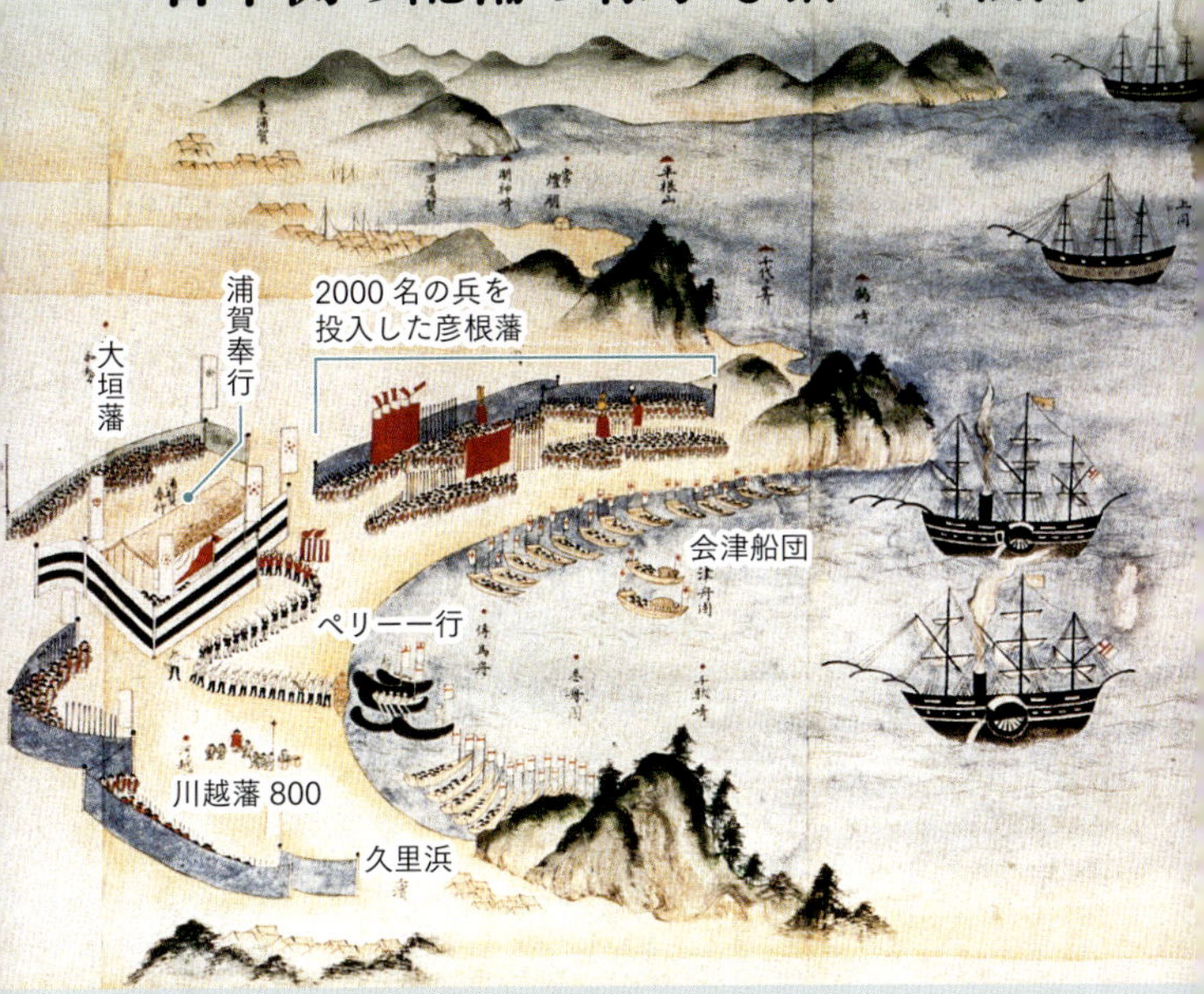

嘉永《かえい》6年「相模国《さがみのくに》久里《くり》浜浦《はまうら》四家《よんけ》御《お》固《かため》」の図（部分）（横浜市中央図書館所蔵）

アメリカのペリー艦隊による砲艦外交によって、日本は泰平の眠りから覚まされたとよくいわれる。それを典型的に視覚化した絵が、右頁に掲げた洋式銃隊を従えて日本上陸を果たしたペリーを描いたものだろう。

だが、日本側はこの時、じつはアメリカ側を全滅させることができるだけの兵力を配して待ち構えていた。なかでも浦賀《うらが》奉行《ぶぎょう》与力《よりき》同心《どうしん》50余人はマスケット銃を装備し、彦根藩《ひこねはん》は2000の兵を2段構えに置き、前段には鉄砲隊を配備していたという。

本頁上のものと同じ構図で描かれた絵図は、彦根城博物館をはじめ意外と各地に残されている。だが、対米交渉で健闘する幕府の視点でこの史料が利用されることは、ほとんどないのが現状である。序章参照。

錦絵に描かれた
近藤勇《こんどういさみ》と土方歳三《ひじかたとしぞう》

近藤勇

「甲州《こうしゅう》勝沼《かつぬま》駅《えき》ニ於《おい》テ近藤勇《こんどういさみ》驍勇《ぎょうゆう》之《の》図《ず》」
（部分）（東京大学史料編纂所所蔵）
62～64頁参照

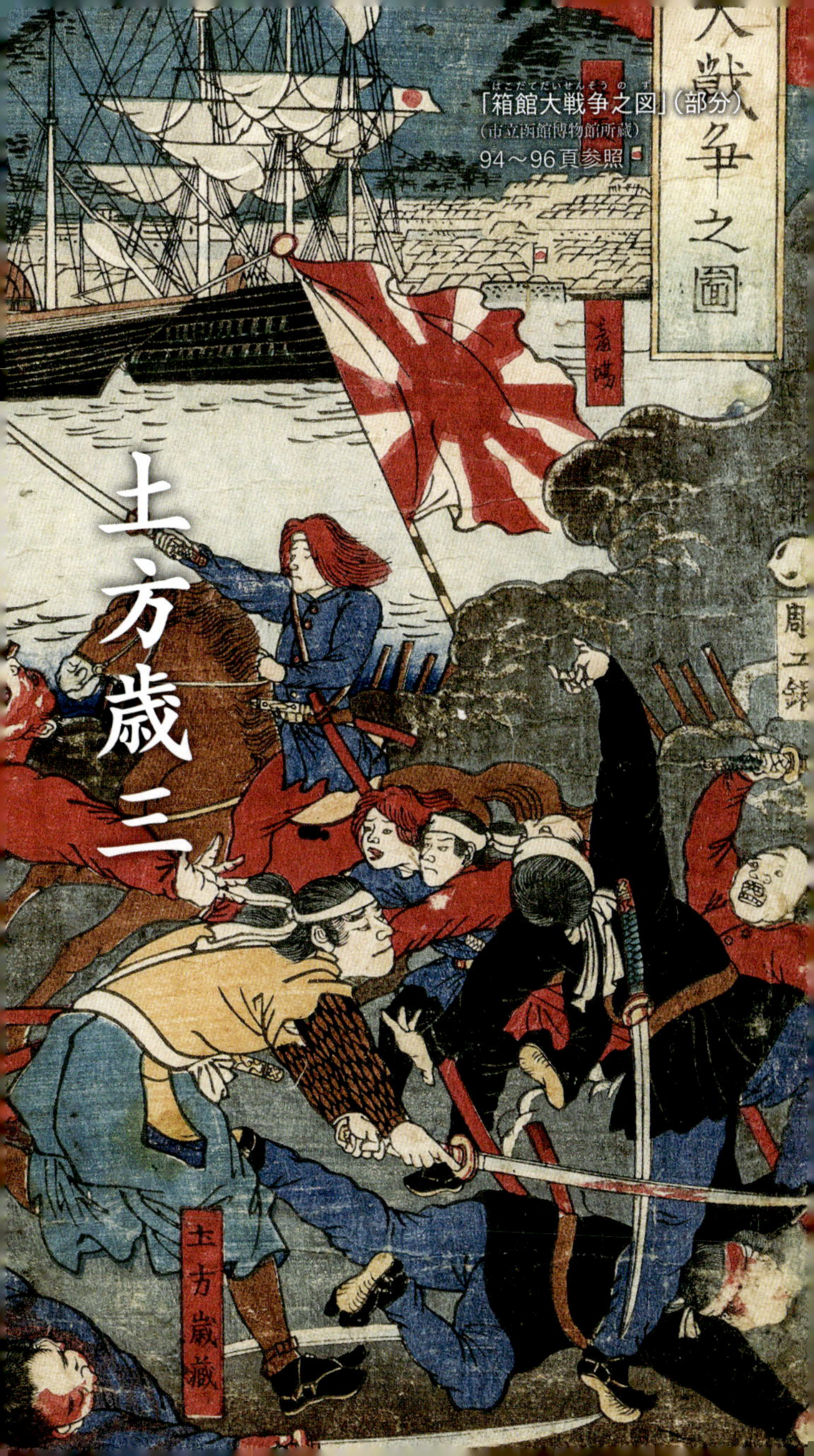

「箱館大戦争《はこだてだいせんそう》之《の》図《ず》」（部分）
（市立函館博物館所蔵）
94〜96頁参照

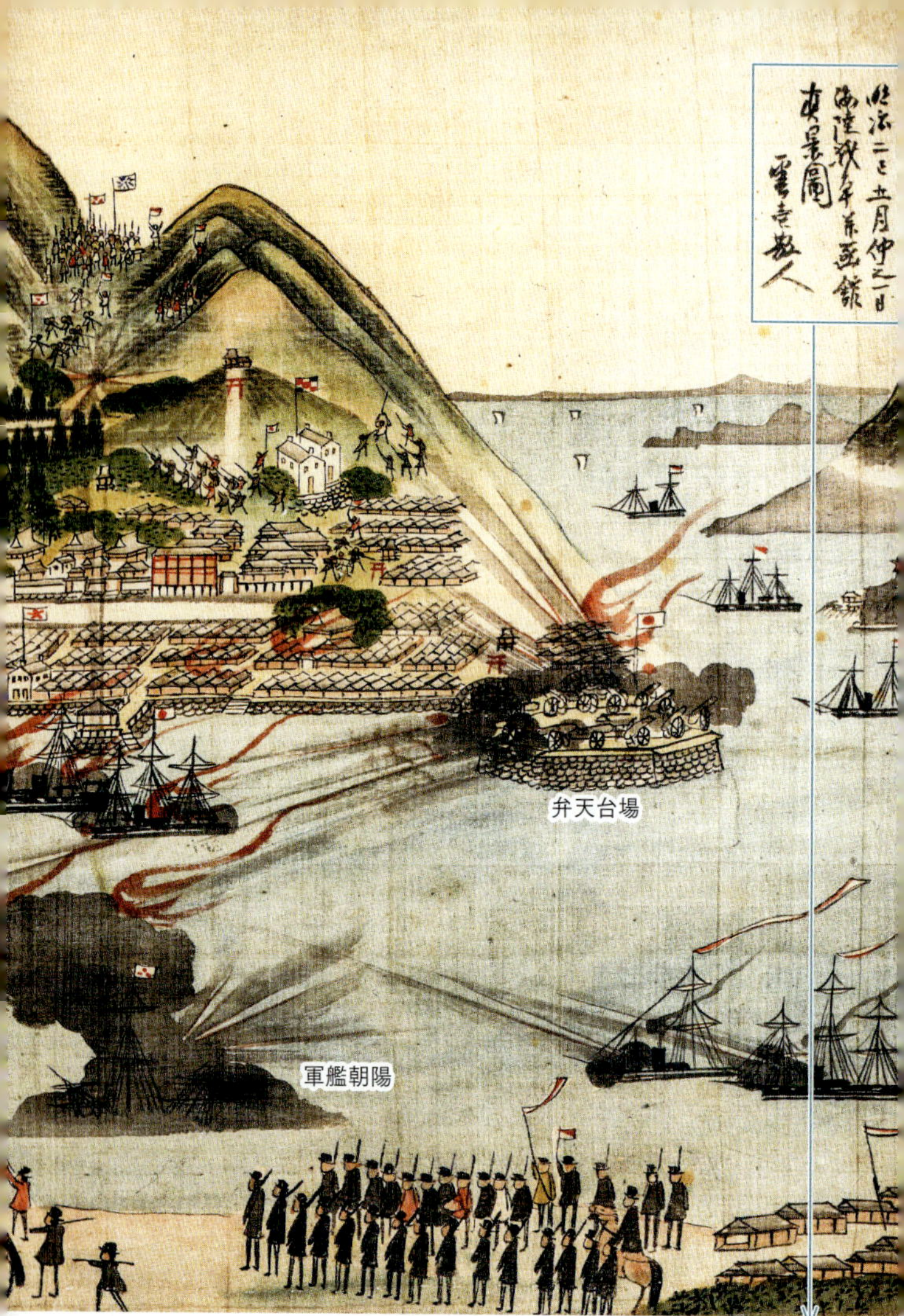

明治二巳五月仲之一日
海陸戦争弁函館真景図
雲壱散人

「箱館戦争図《はこだてせんそうず》」（市立函館博物館所蔵）

土方歳三《ひじかたとしぞう》が戦死した明治《めいじ》2年（1869）5月11日の箱館《はこだて》での戦いを描いた作品で、箱館湾海戦で轟沈《ごうちん》した新政府軍の軍艦朝陽《あさひ》や、弁天台場《べんてんだいば》の戦場などが描きこまれている。第14節参照。

再発見スクープ 3

新選組上洛以前の京都における長州・土佐のテロリズムの実態

②内ゲバで殺された越後《えちご》の志士《しし》本間《ほんま》精一郎《せいいちろう》

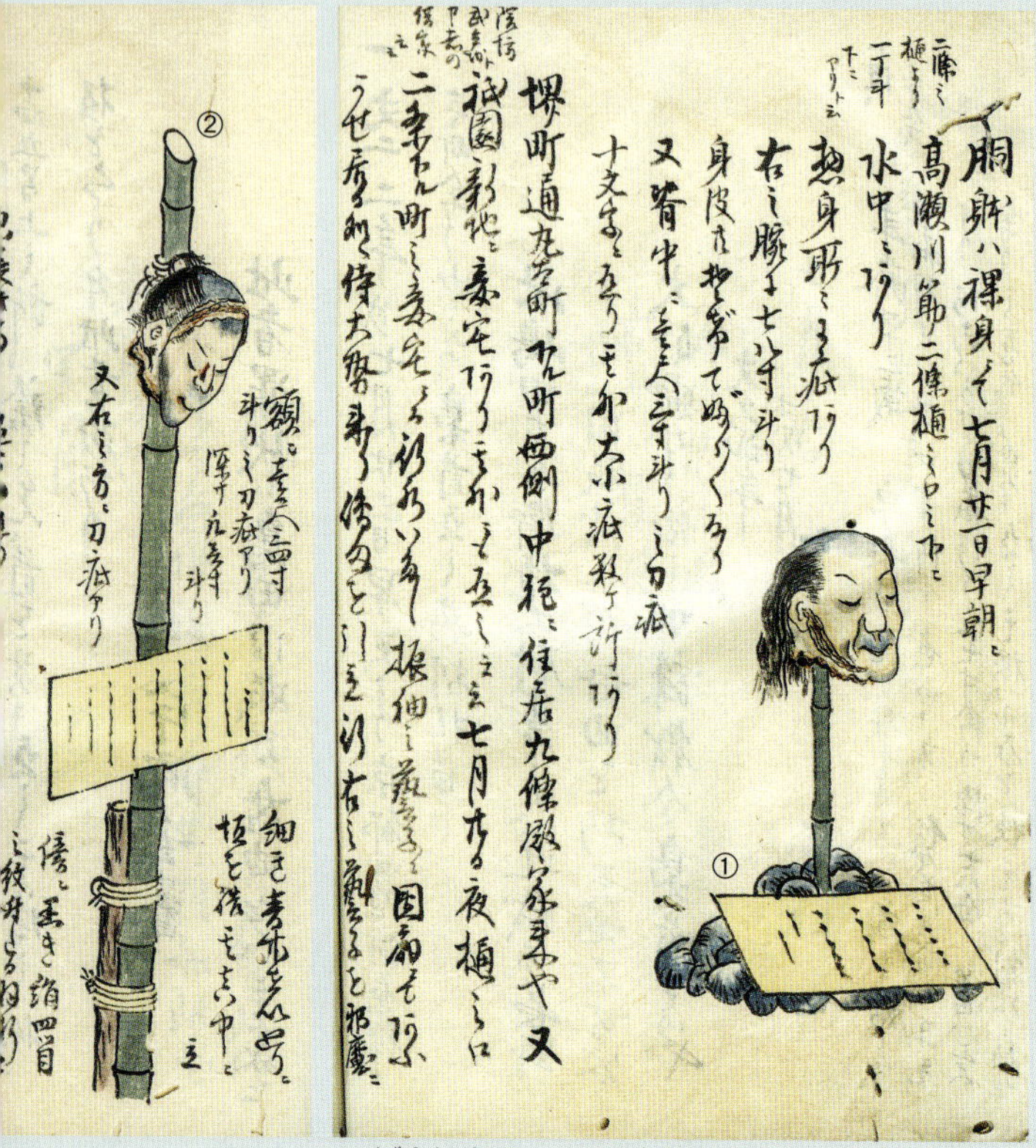

①公卿《くぎょう》九条《くじょう》家家臣の島田左近《しまださこん》

『夢乃浮草《ゆめのうきぐさ》』（個人蔵）**に描かれた「天誅《てんちゅう》テロ」被害者の姿**

開国か攘夷かで揺れる幕末の京都にあって、江戸幕府を弱体化させるために「攘夷」というカードを使って公然と暗殺行為を行っていたのが、長州と土佐の藩士および浪士たちであった。彼らは反対意見を封殺するために、敵対者を殺害した上で晒《さら》し者にするという手口を常套《じょうとう》手段とした。こうしたテロリストを京都から一掃するために行われたのが、新選組による市中警備であった。第４節参照。

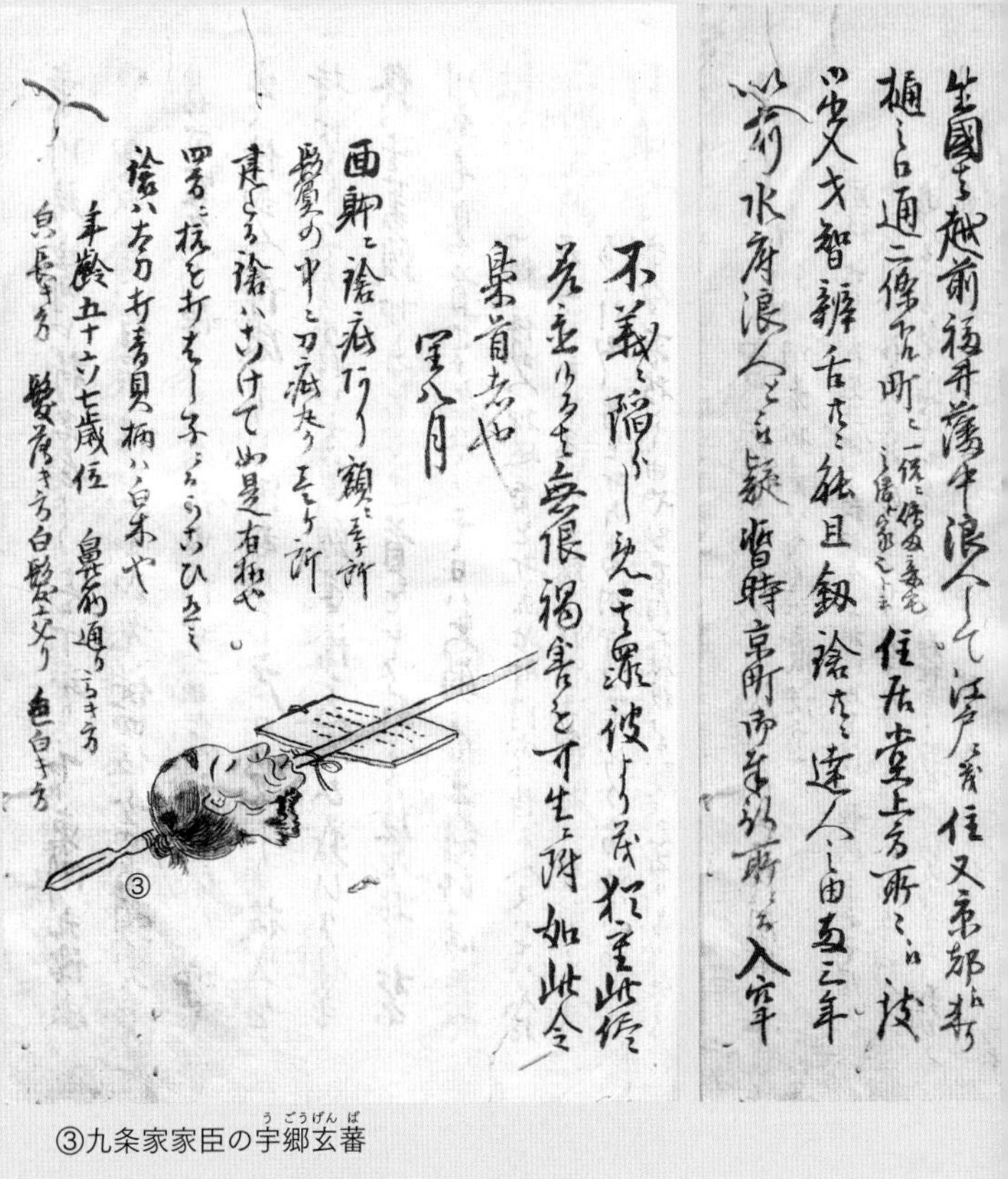

③九条家家臣の宇郷玄蕃《うごうげんば》

鳥羽・伏見の戦いと「新選組」

「明治元年　鳥羽伏見戦争図（草稿・部分）」（京都国立博物館所蔵）

慶応《けいおう》4年（1868）1月の鳥羽《とば》・伏見《ふしみ》の戦いでの新選組《しんせんぐみ》の様子が描かれている。馬上の人物は土方歳三《ひじかたとしぞう》か。「誠」の旗が描かれ、新選組隊士が銃撃を行っていることに注目されたい。同じ絵巻の「新選組二条《にじょう》城入城の図」では、背中に「誠」と記された「だんだら模様」の羽織《はおり》を着ている隊士や、銃剣を着けた洋式銃らしき武器を持つ隊士の姿も描かれている。

作者は遠藤蛙斎《えんどうけいさい》と伝わる。蛙斎は茂平《もへい》ともいい、明治政府最初の紙幣である太政官札《だじょうかんさつ》の版下《はんした》を画《か》いたといわれている（多田敏捷「壬生の実力者『前川一族』」『新選組の論じ方』新選組史料フォーラム実行委員会、2009年）。第13節参照。

明治維新に不都合な「新選組」の真実

吉岡 孝
Yoshioka Takashi

ベスト新書
604

はじめに――「新選組」の時代――

新選組局長「近藤勇」の魅力とは

幕末維新は多くの魅力ある英雄を生んだ。たとえば西郷隆盛《さいごうたかもり》の魅力は、いくたびもの政治的挫折によって培われた強靱《きょうじん》な忍耐力だろう。高杉晋作《たかすぎしんさく》の魅力は、育ちの良さからくる奔放《ほんぽう》でわがままなまでの行動力。坂本龍馬《さかもとりょうま》は、誰もが魅了されたその交渉能力であろう。

では、近藤勇《こんどういさみ》の魅力とは、なんであろうか。新選組局長《しんせんぐみきょくちょう》である近藤は、時代劇や歴史小説でもよく取り上げられる人物だが、その姿をたとえていうなら「幕末のゴジラ」である。

何の理想も持たず、何の政治性もなく、ただ暴れ回るだけの男。

しかし、このようなイメージくらい、近藤の実像とかけ離れているものはない。近藤の魅力は政治に対して見識を有し、そこからいま自分がここで果たさなければならない役割を鮮明に理解し、それに適応した組織を作り上げたということである。

たとえば、近藤が文久《ぶんきゅう》３年（１８６３）７月に、おそらく会津藩に提出したと思われる建白書を見ると、「大坂《おおさか》城に御三家《ごさんけ》クラスの大大名《だいだいみょう》を配置」するように主張している。これは帝都（京都）防衛のためである。文久3年は、浪士組《ろうしぐみ》として2月に上洛した近藤たちが、そのまま京都に残留して、3月に新選組（結成当初は「壬生浪士組《みぶろうしぐみ》」と呼ばれることが多い）を結成した年である。また、この年の5月には、攘夷《じょうい》にはやる長州《ちょうしゅう》藩が下関《しものせき》海峡で欧米の「黒船《くろふね》」に砲弾を浴びせ、7月には薩摩《さつま》藩とイギリスが薩英《さつえい》戦争を行っている。

そんな文久3年の7月に近藤は、外国船が大坂湾に進入し、その機に乗じて「賊兵《ぞくへい》」が大坂城を急襲して近辺に放火でもされたら、大坂城は奪われてしまうと主張したのだ。京都に入る食料の「七・八分」は大坂から入っており、しかも、この時期の大坂には、脱藩《だっぱん》浪士たちが大勢滞留していることを、近藤は鋭く指摘している。もし外国との交戦と同時に浪士たちが蜂起して天皇を奪えば、日本の滅亡に直結する。

新選組は、近藤が建白書を提出した翌月に起こった「八月十八日の政変」（孝明天皇・会津藩・薩摩藩などが中心となって、朝廷から尊皇攘夷派の公家や長州藩を追放）を契機に、京都の市中取り締まりを任されることになる。通常イメージされる新選組の姿は、この取り締まりの時のものである。しかし、近藤にとって京都の市中取り締まりは、彼自身の構想のなかの一部に過ぎない。大切なのは、当時、京都が直面していた日本の滅亡に直結するような危機が起きないようにすることである。それを防ぐ方法は、幕府による攘夷の実行である。

だが、黒船に象徴される欧米列強の圧倒的な武力を前に、攘夷はすぐに実行できるものではない。近藤はこれについては忸怩《じくじ》たる思いがあったが、日本最大の軍事組織である幕府を抜きにした攘夷の実行は不可能である。このことは当時の常識に属する事実なのに、攘夷の実行を幕府に無理矢理迫る政治勢力があった。それが長州藩と、そのシンパである。

近藤の目には、長州藩とそのシンパが攘夷を権力闘争の道具に利用しようとしている姿が透けて見えた。これでは攘夷という美名を藉《か》りた、私的な政治的野望の実現でしかない。

こう考えた近藤は、このような勢力を殺戮《さつりく》しなければ、いくら「公武合体《こうぶがったい》」を唱えてみても、真の朝廷と幕府の合体はならず、従って攘夷は実行できず、未来は切り拓けない。そこで、このような「賊」を討つために、厳格な市中取り締まりを行うことを実践した。

このように近藤は、幕末の複雑な政治空間を論理的に把握し、新選組という有志集団の長という自己の立場を踏まえて、合理的かつ理知的な判断のもとで、新選組という組織を運営した。本書では、このような見解を踏まえて、3つの視点から近藤勇と新選組という組織を考えていきたいと思う。それは「軍事・情報・組織」についてである。

新選組は「最後の武士」か？

新選組は一般的に、剣客集団のように認識されている。たしかにこれは、一面で事実である。しかし、先ほど述べた近藤の構想から考えれば、新選組は攘夷戦もしくはそれと同時に起こるであろう国内戦で活躍する軍隊でなければならないはずである。これは新選組を預かった、京都守護職《きょうとしゅごしょく》（会津藩《あいづはん》）の存在理由にも関係する重要なことである。

尊皇攘夷を振りかざしてテロを行う勤皇《きんのう》の志士たちが暗躍する京都で、近藤は上洛から1年後に「禁門《きんもん》の変」を経験する。長州藩は藩を挙げて組織的な兵力を動かし、京都御所《ごしょ》に向かって発砲した。こうした敵と戦うのに、新選組が剣客集団でいられるはずはないのである。新選組は、結成後の非常に早い段階から、洋式軍隊化を志向していた。まだまだ不明な点も多いものの、できるかぎりその具体像に迫ってみたい。

また、政治や軍事において「情報」が重要なことはいうまでもない。江戸時代は身分制社会であるため、たとえば浪士のような集団の情報を収集することは、新選組のような浪人結社でなければできなかった。スパイを送り込もうにも、スパイ本人が浪人でなければ、敵とみなした相手の浪士集団のなかに、融《と》け込むことができないからである。

この点だけでも幕府にとって、新選組は貴重な存在であった。そして近藤は、敵の情報収集に組織をあげて取り組んでいる。そこで、幕末・維新期における新選組の情報収集活動の実態を、さまざまなレベルで具体的に明らかにしていきたい。

そして、最後に新選組の組織論についてである。新選組は浪人集団である。浪人集団は江戸時代を通じて存在し、新選組にもその刻印が押されている。それはいかなるものだったのか、そして新選組は、それをいかに克服したのか。

よく新選組は「最後の武士」というイメージが投影されるが、それは短絡的である。新選組はむしろ地域社会、すなわち「村」が生み出した組織である。いい意味でも悪い意味でも、幕末期の民衆たちは、近代に向けて着実に力を蓄えていった。新選組はその象徴であるということが、最後には明らかになるはずである。

〈参考文献〉

「尽忠報国之士近藤性より之来翰写」(『武相自由民権史料集』第一巻、町田市立自由民権資料館、二〇〇七)

目次

巻頭口絵

第2章　「新選組」結成への道　65

第3章 「池田屋」の勇名 97

第4章　戊辰戦争と新選組の最期　125

序章　幕末の政治・社会情勢

本当は薩長より「開明的」だった江戸幕府

令和《れいわ》元年（２０１９）７月21日、第25回参議院議員選挙が行われた。その選挙特番をテレビで観ていたら、司会者の池上彰《いけがみあきら》が、「れいわ新選組《しんせんぐみ》」代表の山本太郎《やまもとたろう》に向かって、次のような意味のことを言った。

「あなたは政治改革を目指すというが、それならば、なぜ新選組のような、体制維持の保守的な名前を使うのですか」

本書では、このように新選組を体制維持・保守的と決めつける見識を「不都合な真実」と称する。明治維新《めいじいしん》を手放しで賛美して肯定し、「官軍《かんぐん》」に敵対した「抵抗勢力」は「逆賊《ぎゃくぞく》」であって、まったく歴史に貢献していないという思考が「不都合」という意味である。

じつは近年の明治維新研究の学界動向は、江戸幕府《えどばくふ》の役割を高く評価するようになってきている。簡単にいってしまえば、江戸幕府は尊皇攘夷《そんのうじょうい》派の野蛮なテロ行為にもめげず、日本を世界資本主義へとソフトランディングさせるために奮闘したという主張である。

これは、たしかな潮流といっていいであろう。このような流れを、「新佐幕論《しんさばくろん》」と揶揄《やゆ》する研究者も出てきているほどである。

もちろん、細かい点に着目すれば、幕府再評価の動きは、古くからみられたことである。たとえば、幕末期の幕府で勘定奉行《かんじょうぶぎょう》などを勤めた小栗上野介忠順《おぐりこうずけのすけただまさ》（1827〜68）は、その代表的な人物である。

蜷川新博士が『維新前後の政争と小栗上野の死』で小栗を顕彰したのは、昭和3年（1928）のことである。小栗は苦心惨憺《くしんさんたん》して横須賀《よこすか》ドックの原型を造るが、「これができれば、たとえ幕府が滅亡しても、土蔵《どぞう》付き売り家の栄誉を得られる」と語ったとされる。

この言葉は、いまドックさえ造っておけば、たとえ幕府は滅んだとしても、造船で日本の近代に貢献できる、という意味であり、小栗たち開明的な幕府官僚は、諸藩との対立という次元よりも一段高いレベルで、幕末の政争をみていたことになる。

この話は、小説家の司馬遼太郎《しばりょうたろう》が紹介して有名になったが、元来は幕府きってのフランス通であった栗本鋤雲《くりもとじょうん》の『匏庵遺稿《ほうあんいこう》』に掲載されている話である。

このように、小栗など幕府の特定の人物を再評価する動きは、以前からみられたわけだが、近年の動向は、幕府という権力体全体を再評価しているという点が特徴的である。

まず外交面から、これを指摘してみよう。幕末の始まりといえば誰でもペリー来航を思い浮かべるが、これがすでに明治維新を理解する上で誤解を与える不都合な真実である。

近年の研究では、幕府はすでにオランダから「ペリー来航」の情報を得ていたとされる。その証拠に、天然理心流《てんねんりしんりゅう》「目録《もくろく》」の腕前であった浦賀《うらが》奉行所《ぶぎょうしょ》与力《よりき》中島三郎助《なかじまさぶろうすけ》が、嘉永《かえい》6年（1853）6月3日にペリー艦隊旗艦《きかん》サスケハナ号に乗り込んだ時には、通詞《つうじ》の堀達之《ほりたつの》助《すけ》を同道していた。

『戦友姿絵《せんゆうすがたえ》』に描かれた中島三郎助とふたりの息子

江戸幕府崩壊後、箱館新政府に身を投じた中島は、明治2年（1869）5月16日にふたりの息子と共に壮烈な戦死を遂《と》げた。

また、その6日後の6月9日、幕府は久里浜《くりはま》（神奈川県）でアメリカ大統領からの国書《こくしょ》の受け取りを行った。この時、上陸したペリーは日本人に武力を誇示すべくマスケット銃を兵士に持たせて行進させたが、ペリーは自分たちと同じマスケット銃を持っている日本人部隊を目撃している。中島三郎助らが率いる浦賀奉行所の洋式部隊である。

ちなみに久里浜は、中島らの洋式部隊の訓練場であった。日頃慣れ親しんだ訓練場くらい、理想的な戦場はないであろう。もし両者が戦えば、日本側がアメリカ側を全滅させることなど容易であったに違いない。

翌嘉永7年（1854）にもペリーは再びやってきて、日米和親条約《にちべいわしんじょうやく》が締結《ていけつ》される。この条約は、もちろん不平等なところもあったが、たとえば交渉の席上、ペリーが交易を要求した時に、幕府全権《ぜんけん》とでもいうべき林復斎《はやしふくさい》は、「日本は外国と交易しなくても、少しも事欠かない」と明言し、この条約は「人命尊重」が主旨であり、交易は重要ではないと一蹴している。幕府はペリーの言いなりになっていたわけではなかったのである。

近代日本が流布した「不平等条約」の欺瞞《ぎまん》

安政《あんせい》5年（1858）6月19日に、幕府はアメリカ全権タウンゼント・ハリスと「日米《にちべい》修好通商条約《しゅうこうつうしょうじょうやく》」を締結した。この条約も不平等条約で、協定関税（外国との条約によって個別的に関税率を決めるもの）であった。

幕府は、もし戦争を行って、戦いに負けてから条約を結ぶことになったら、とんでもなく不平等な条約を結ばされるということは、よく認識していた。このため、平和的に条約を締結することに、全力を尽くしたのである。

また、アヘン戦争敗北後の1842年に条約を結んだ中国と比べても、日米修好通商条約は不平等性の低いものになっている。そもそも、この時期の白人の「文明」的な国家が、「未開」の有色人種と完全に平等な条約を結ぶことがありえたであろうか。

ちなみに、日米修好通商条約で決められた関税は20％だったが、これは日本の国内産業を守る視点からすれば悪くはなかった。だが、慶応2年（1866）5月13日に調印された改税約書《かいぜいやくしょ》により、一律5％に変更された。つまり、これ以降、安価な外国の工業製品などが、大量に日本市場に入ってくることになるのである。

しかも、慶応2年の関税税率改定の背景には、尊皇攘夷派の外国人に対するテロ行為によって、欧米列強各国が態度を硬化させたことがある。外国人へのテロは、結果的には日本の国内産業に打撃を与えることになる売国的な行為だったのである。

日米修好通商条約に話を戻そう。幕府でハリスと交渉にあたったのは、外国奉行《がいこくぶぎょう》岩瀬忠《いわせただ》震《なり》らである。岩瀬は、幕府役人の出世の登竜門である目付《めつけ》から栄達《えいたつ》を重ねた人物であり、世界の趨勢《すうせい》をよく理解し、積極的開国論《せっきょくてきかいこくろん》をとっていた。

ハリスは「唐人《とうじん》お吉《きち》」のエピソードで名高いが、ハリス自身は敬虔《けいけん》なキリスト教聖公会《せいこうかい》の信徒であり、お吉との話は多分に伝説である。ハリスはもちろん、アメリカの国益を第一に考え、安政3年（1856）に勃発したアロー戦争（英仏対清の戦争）でのイギリスの優勢を利用するなど、外交官として、したたかに立ち回った。

その一方で、ハリスは未開の国を良心的に導きたいというアメリカ人的な良心ももっていた。日米修好通商条約は、たしかに日本にとって不平等なものではあるが、岩瀬やハリスたちは、与えられた環境と立場のなかで最善の努力を尽くしたとはいえよう。

この岩瀬とハリスとの交渉の様子は、比較的広く世に知られた。ペリー来航時の幕府の政治的指導者は老中阿部正弘《ろうじゅうあべまさひろ》であったが、阿部は早期の段階で「開港やむなし」と認識し、そのためには多くの政治勢力の協力が必要であることを認識していた。

もちろん、朝廷も例外ではない。そもそも朝廷は、江戸時代が始まってから右肩上がりでその地位が高まり、幕末期には10万石程度の領地を有していた。戦国時代には、天皇の即位式《そくいしき》（大嘗祭《だいじょうさい》）の費用さえ捻出できなかったことに比べれば、格段の違いである。

朝廷・徳川斉昭・井伊直弼の複雑な関係

江戸時代の朝廷は貧乏で、天皇の食膳にさえ腐ったものが並べられたという話があるが、これは事実ではない。おそらく明治以後に、幕府を批判する意識の下で広められたのではないか。いずれにしても、幕末における幕府と朝廷の関係は、もともと良好であった。このため幕府は、条約締結の勅許《ちょっきょ》（天皇の許可）を得ようとしたのである。

ちなみに、外交事案で勅許を得ることは、この時が初めてではない。すでに文化《ぶんか》3年（１８０６）のフヴォストフ事件（ロシア軍人による蝦夷地《えぞち》襲撃事件）の時に、朝廷は幕府の行為を了承しているのである。日米和親条約も、勅許を得ている。ただ、日米修好通商条約の場合は、朝廷の事前承認であることが違っていた。

幕府は、当時の朝廷の実力者であった太閤鷹司政通《たいこうたかつかさまさみち》が幕府に好意的だったこともあり、勅許は容易に出るものと考えていた。だが孝明天皇《こうめいてんのう》は、勅許を出さなかったのである。

孝明天皇は政通を経由して、水戸《みと》藩の徳川斉昭《とくがわなりあき》から、ハリスとの交渉過程など、さまざまな情報を得ていた。斉昭は虚偽の情報を伝えたわけではないが、そのなかにはハリスの傲慢《ごうまん》さを示すと解釈できる内容もあり、天皇に危機感を持たせている。

孝明天皇にしてみれば、自分が勅許を与えたせいで日本が異国に侵略されることになったら、皇祖皇宗《こうそこうそう》に合わせる顔がないと思ったのである。孝明天皇は、神秘的な皇統を重視する人物であった。

しかし幕府にすれば、これほどの愚策はない。幕府としてはいくつかの港を開き、世界資本主義に円滑に参加することが、最良の政策だと信じていた。鎖国《さこく》の継続は、日本が侵略される機会を提供するようなものである。なんらの世界戦略も持っていない朝廷が、深い考えもなく条約を拒否するなどということは、ありえない話である。

勅許を得るために京へ上った老中堀田正睦《ほったまさよし》は、「堂上方《どうじょうがた》（朝廷）正気《しょうき》の沙汰《さた》とは存《ぞん》ぜられず」と、つぶやいたといわれる。

このため日米修好通商条約は、安政5年6月19日に、朝廷に無勅許で締結された。当時の幕府の最高指導者は大老井伊直弼《たいろういいなおすけ》である。井伊は国学《こくがく》的教養が深かった人物である。

国学者に天皇嫌いはいない。井伊も尊皇家ではあったが、幕府の体面も重要であった。そして、「調印はしないほうがいいが、やむ得ない時には調印を許可する」という指示を、ハリスとの交渉の責任者である岩瀬忠震に伝えた。これに対して岩瀬は、ハリスと練ったこの条約は、日本にとっても望ましいものだと考えていたので、勅許を待たずに締結した。この時、岩瀬は、「あるいは徳川氏の安危にかかわるほどの大変に至る」かもしれないが、「社稷《しゃしょく》（国家）を重しとする」と語ったという。先述の小栗と同じく、徳川氏の安泰よりも国家を重視したのである。

「テロの時代」の幕開けと新選組の登場

日米修好通商条約が締結されると、幕末の政局は、すぐに安政の大獄《たいごく》に突入する。この背景には、条約勅許問題とともに将軍継嗣《けいし》問題もあり、幕府内の保守派と改革派の対立も絡み、複雑な様相を呈した。

ただ、ひとつだけたしかなことは、安政の大獄の帰結である安政7年（1860）の桜《さくら》田門外《だもんがい》の変によって、日本はテロの時代を迎えるということである。大老を路上で暗殺し、政局が一変するというダイナミズムに、現状に不満を持つ者はみな酔ったのである。

長州藩《ちょうしゅうはん》出身の伊藤博文《いとうひろぶみ》でさえも、国学者《こくがくしゃ》の塙次郎忠宝《はなわじろうただとみ》を暗殺している。日本の初代総理大臣は、テロリストである。文久《ぶんきゅう》2年（1862）以降、京都で長州藩・土佐《とさ》藩の志士による、安政の大獄での弾圧者に対するテロ（天誅《てんちゅう》）が横行する。

京都は、幕末に将軍を凌《しの》ぐ権威を獲得した天皇が住まう「帝都《ていと》」であり、その平和を保つことは、為政者の至上命題であった。それを担当したのが京都守護職《きょうとしゅごしょく》であった会津《あいづ》藩主松平容保《まつだいらかたもり》と、禁裏守衛総督《きんりしゅえいそうとく》であった一橋《ひとつばし》（後の15代将軍徳川《とくがわ》）慶喜《よしのぶ》、京都所司代《きょうとしょしだい》桑名《くわな》藩主松平定敬《まつだいらさだあき》である。

この時期の一橋家・会津藩・桑名藩は研究史上、一会桑権力《いっかいそうけんりょく》と呼ばれる。この権力の下で、新選組《しんせんぐみ》は、京都を舞台に活動することになるのである。

〈参考文献〉

家近良樹『幕末の朝廷』（中央公論新社、二〇〇七年）
井上勝生『幕末・維新』（岩波新書、二〇〇六年）
小野寺龍太『岩瀬忠震』（ミネルヴァ書房、二〇一八年）
加藤祐三『幕末外交と開国』（講談社学術文庫、二〇一二年）
福地桜痴『幕末政治家』（岩波文庫、二〇〇三年※初版は一九〇〇年）

第1章

新選組「京」へ征く

近藤勇
（東京大学史料編纂所所蔵『京都に於ける維新史蹟』所収）

第１節　近藤家と八王子千人同心

天然理心流「三代目宗家」の実態

近藤勇《こんどういさみ》が嘉永《かえい》２年（１５４９）に16歳で養子に入った近藤家は、武術天然理心流《てんねんりしんりゅう》の宗家である。その初代近藤内蔵之助《くらのすけ》は、遠州《えんしゅう》（静岡県）の出身というが、はっきりしたことは不明である。

内蔵之助は天明《てんめい》年間（１７８１～８９）後半頃に、現在の東京都多摩《たま》地方にやってきた。内蔵之助の跡は戸吹《とぶき》村（八王子《はちおうじ》市）の名主の息子三助《さんすけ》が養子に入って継いでいる。近藤三助は多摩地方に多くの領地を持っていた旗本川村外記《はたもとかわむらげき》に仕え、多くの門人を得ている。八王子市の桂福寺《けいふくじ》にある碑文「近藤処士碑《しょしのひ》」は、三助を記念して文政《ぶんせい》４年（１８２１）に建てられたものだが、これによると１５００人の門人がいたとしている。

三助の門人には、江戸時代の多摩地方に数多く存在していた八王子千人同心《はちおうじせんにんどうしん》が多かった。千人同心は幕府直属の同心《どうしん》集団であり、寛政《かんせい》４年（１７９２）以降、９００人の定員を有していた。

文化《ぶんか》2年（1805）に江戸幕府は、村における武術の教授を禁じる法を出している。この法により、村人の武術教授活動が根絶されたわけではないが、教える側にとってはかなりの圧力になったことだろう。

ただ、千人同心は幕府直属の同心集団であり、武術の習得はむしろ義務といってもよい。この点において天然理心流は、安定した門弟を確保できる地盤を得ていたといえるであろう。


三助は、文政2年（1819）に46歳で急死した。三代目は小山《おやま》村（町田市）の百姓の子周助《しゅうすけ》が、天保《てんぽう》元年（1830）に継いだ。

ただし、この継承には不明な部分が多く、三代目宗家を襲名したということ自体が、近藤周助の私称ではないかともささやかれている。いずれにしても、二代目宗家のもとで師範をしていた千人同心と周助との間に、溝が生じたことは事実である。


天然理心流の師範を務める多摩地方の千人同心のなかで、最大の存在であったのは増田《ますだ》蔵六《ぞうろく》である。周助は天然理心流武術全体のなかでは、剣術しか習得していなかったが、増田は剣術・柔術・棍術《こんじゅつ》（棒術）の三術の免許皆伝《めんきょかいでん》を許されていた。

また、増田は江戸城において、若年寄《わかどしより》の前で武芸を披露するという華々しい履歴も持っている。つまり、武芸の実力においては、増田は圧倒的に周助を凌駕《りょうが》していたのである。

さらに身分についても、増田は周助を凌駕していた。この当時、千人同心は幕府の御家人《ごけにん》として社会的には認知されていた。御家人とは、江戸幕府に直接仕える下級武士である。本来、千人同心は半農半武士の「農兵《のうへい》」という特異な存在であって、御家人ではなかったのが実態である。ただ、そうであったにもかかわらず、この当時の千人同心は「下級ではあっても武士である」と、広く一般に認識されるようになっていたのである。

増田は千人同心という組織のなかで、「組頭」という9人の同心を率いる、いわば中間管理職的な役職についていた。また、増田家は、八王子千人町《せんにんちょう》にあった、幕府からの拝領地《ち はいりょう》に居住していた。千人町の定員は１００人なので、増田は特別に幕府から選ばれた千人同心ということになる。

それだけではない。千人同心は、90人の同心をひとりの千人頭《せんにんがしら》が率いるという組織である。増田は窪田鎮三郎《くぼたてつさぶろう》という千人頭に率いられていたが、窪田は嘉永4年（１８５１）に千人頭を罷免《ひめん》されてしまう。

窪田の罷免から9年後の万延《まんえん》元年（１８６０）5月、かつて窪田が統率していた組の月《つき》番所《ばんしょ》（事務所）は、増田の屋敷内にある「武術稽古場」が当てられることになった。大雑把な言い方をすれば、増田は千人頭並《なみ》の地位を与えられたことになる。

これに対して、近藤家は浪人である。どうせ武術を習うのであれば、実力的にも身分的にも格上の増田に習いたいと思うのが人情であろう。千人町にある増田の道場は、確認されるかぎり859人以上の門弟を擁していたことがわかっている。

四代目「宗家」近藤勇の野望

千人同心は、現在の神奈川県や埼玉県にも分布していたが、いちばん多く存在したのは八王子より西の多摩地方である。当然、天然理心流の門人も西多摩に多かった。

だが、三代目を名乗った周助は、増田らがいたことによって、八王子より西の多摩地域から弟子を取ることが望めなくなった。このため周助は、八王子から東の多摩地方で門弟を取り立てていくようになる。現在の日野《ひの》市出身の土方歳三《ひじかたとしぞう》や井上源三郎《いのうえげんざぶろう》、上石原《かみいしはら》村（調《ちょう》布《ふ》市）の宮川《みやがわ》家出身である、後の近藤勇もそうである。

勇が近藤家に養子に入った嘉永2年、勇は府中《ふちゅう》市にある六所明神社《ろくしょみょうじんしゃ》（現大国魂《おおくにたま》神社）で、大規模な野試合《のじあい》を行っている。

だが、この野試合には周助系以外の師範、つまりは八王子以西の多摩地方に住む千人同心の師範たちは参加しなかった。これは当然、彼らが勇の四代目宗家就任を認めないという意思表示である。

要するに勇は、近藤家が代々弟子の供給基盤としてきた千人同心という枠を喪失した状態で、宗家を継がなければいけなかったのである。

文久3年（1863）11月29日、京に上った勇は、故郷の門弟たちに長い手紙（勇の手紙はたいてい長いが）を書いている。その末尾近くで勇は、次のような一文を記した。


「拙子《せっし》（自分をへりくだった言い方）義《ぎ》も白刃凌《しの》キ功成遂名《こうなりなとげ》候《そうろう》上《うえ》者《は》必々其家帰り撃剣職相勤度《あいつとめたく》」

大意
自分は真剣を潜り抜けて、功績をとげて名をあげた上は、必ず必ず故郷の家に帰って剣術の師範をやりたい勇の京都での行動は、勇の政見に基づいたものだが、その個人的動機は、意外に可憐《かれん》なのである。故郷で誰もが一流と認める剣術の師範になるためには、江戸幕府が京都で行うであろう攘夷戦に参加して武名を挙げるにかぎる。そうすれば、増田蔵六を凌《しの》ぐ名声を地元で確立し、場合によっては増田よりも、上位の身分に成り上がることができるかもしれない。

この点が、西郷隆盛《さいごうたかもり》や高杉晋作《たかすぎしんさく》と、近藤勇が決定的に違う点である。西郷や高杉は、薩摩藩や長州藩の正式な武士であり、彼らの政治活動は、基本的には藩論に基づいて、藩組織の下で行われるものであった。

しかし、勇にはそんなものはない。勇が政治に参加した個人的な理由は、養家である近藤家の発展のためである。これは勇の庶民的性格を感じさせるところだが、別な視点に立てば、幕末期においては、庶民は主体的に幕府政治に参加しうる環境にあったということになる。

第2節　剣術道場とネットワーク

「近藤道場」の新選組メンバー

幕末の江戸には、多くの剣術道場があった。千葉周作《ちばしゅうさく》の北辰一刀流玄武館《ほくしんいっとうりゅうげんぶかん》、桃井春蔵《もものいしゅんぞう》の鏡新明智流士学館《きょうしんめいちりゅうしがくかん》、斎藤弥九郎《さいとうやくろう》の神道無念流練兵館《しんどうむねんりゅうれんぺいかん》などの、いわゆる「三大道場」はその代表である。

このような道場で学ぶメリットは、もちろん剣術が上達するということもあるが、多彩な人物たちとネットワークを構築できるということもあった。

たとえば、坂本龍馬《さかもとりょうま》は北辰一刀流、武市半平太《たけちはんぺいた》こと瑞山《ずいざん》は鏡新明智流、桂小五郎《かつらこごろう》（後の木戸孝允《きどたかよし》）は神道無念流を学ぶために江戸に留学している。

このように各藩では、有望な若者に江戸で剣術を修行させており、当然、道場内では、藩や地域、身分を越えた交流が生まれる。ここで形成された人的ネットワークが、後に彼らが藩を越えた活動をする時に有効に機能した。

天然理心流《てんねんりしんりゅう》の場合も、多摩《たま》地域に門弟基盤を持つ一方で、江戸《えど》にも道場を構えていた。三代近藤周助《こんどうしゅうすけ》の場合は、現在の東京都新宿区《しんじゅく》に道場があった。「市谷甲良屋敷《いちがやこうらやしき》」「市ヶ谷柳《やなぎ》町坂上《まちさかうえ》」と表現されている。名称は「試衛館《しえいかん》」という呼称が有名だが、「試衛場《じょう》」もしくは「近藤道場《こんどうどうじょう》」と呼ばれていた。

当時の新宿は、江戸の西のはずれの周縁部で、場末であった。当然、三大道場より格下である。大藩の歴《れっき》とした武士は寄りつかない。寄りつくのは浪人たちばかりである。

ここで、文久《ぶんきゅう》3年（1863）2月に近藤勇《いさみ》の誘いに応じて上洛し、後に新選組《しんせんぐみ》の主要メンバーとなった浪人たちの経歴を簡単に紹介しておこう。些事《さじ》においては異説がある者もいるが、通説に依拠してまとめた。

■沖田総司（おきたそうじ）（1842〜68）

沖田の父親は勝次郎《かつじろう》といい、奥州白河《おうしゅうしらかわ》藩阿部《あべ》家の足軽小頭《あしがるこがしら》だった。総司自身が阿部家に仕えた確証はないが、阿部家浪人と名乗っている。文久3年時の沖田の年齢は22歳。井上《いのうえ》源三郎《げんざぶろう》とは縁戚関係にあるという。幼少時から近藤周助の門人となり、勇から上洛の誘いを受けた時は、住み込み弟子であった。慶応《けいおう》4年（1868）5月30日、江戸で病死。

■山南敬助（やまなみけいすけ）（1836〜65）

仙台藩伊達家《せんだいはんだて》の浪人。文久3年時は28歳。この時期には「試衛場」の近所に住んでおり、内弟子《うちでし》のような存在であった。元治《げんじ》2年（1865）2月23日切腹。

■永倉新八（ながくらしんぱち）（1839〜1915）

蝦夷松前《えぞまつまえ》藩松前家の浪人。永倉は回想録を残しており、それによれば、父は松前藩江戸詰《づめ》の長倉勘次《ながくらかんじ》であり、歴とした武士であった。新八は剣術好きが高じて脱藩して修行を続けた。文久3年時は25歳で、この時は近藤勇の内弟子であった。大正《たいしょう》4年（1915）1月5日に北海道の小樽《おたる》で死去。

■原田左之助（はらださのすけ）（1840〜68）

伊予松山《いよまつやま》藩の浪人。松山藩では武士より身分が低い中間《ちゅうげん》・若党《わかとう》だったという。文久3年時は24歳。種田《たねだ》流の鎗《やり》の遣《つか》い手。慶応4年5月17日、江戸の上野《うえの》で彰義隊《しょうぎたい》の戦いに参加して戦死。

■藤堂平助（とうどうへいすけ）（1844〜67）

江戸浪人。文久3年時は20歳。近藤勇の内弟子である。津《つ》藩藤堂和泉守《いずみのかみ》の御落胤《ごらくいん》（私生児）という噂《うわさ》が当時からあったが、もちろん、たしかな話ではない。近年では、旗本《はたもと》藤堂氏の妾腹《しょうふく》の子という説も提出されている。慶応3年（1867）11月18日、油小路《あぶらのこうじ》事件で闘死。

また、ついでながら近藤グループで、浪人以外の身分で新選組に参加したメンバーを紹介しよう。

■土方歳三（ひじかたとしぞう）（1835〜69）

近藤の盟友というべき土方は、武州《ぶしゅう》多摩郡石田《いしだ》村（日野《ひの》市）の百姓である。石田村の文久2年（1862）の宗門人別帳《しゅうもんにんべつちょう》を見ると、多摩地域では10石以下の家も多いなかで、土方家は持高39石7斗8合で、男1人、下女1人の使用人も同居しており、かなり裕福な家であったことがわかる。嘉永《かえい》4年（1851）に近藤周助に入門している。文久3年時は

29歳。明治《めいじ》2年（1869）5月11日、蝦夷地箱館《えぞちはこだて》近郊の一本木関門《いっぽんぎかんもん》で戦死。

■井上源三郎（いのうえげんざぶろう）（1829〜68）

日野宿の八王子千人同心《はちおうじせんにんどうしん》井上松五郎《まつごろう》の弟である。井上家は正徳《しょうとく》3年（1713）以来、千人同心を勤めていた。文久3年時は35歳。近藤グループのなかでは、いちばんの年長者である。慶応4年正月5日、鳥羽《とば》・伏見《ふしみ》の戦いで戦死。

■斎藤一（さいとうはじめ）（1844〜1915）

山口二郎《やまぐちじろう》とも。斎藤が明治26年（1893）に明治政府に提出した恩給《おんきゅう》申請書には、「戸籍調書《こせきちょうしょ》」が添付されている。これによれば、生年月日は弘化《こうか》元年（1844）正月1日である。このため、文久3年時点では20歳ということになる。父親は旗本鈴木《すずき》氏に仕えた足軽《あしがる》だという。幕末期の旗本家では、譜代の家来はほぼ消滅しており、短期雇用の者がほとんどとなる。斎藤は浪士組には参加していないが、京都で新選組が結成されると初期から参加している。明治維新後は藤田五郎《ふじたごろう》と改名し、警視庁に奉職。大正4年9月28日に死去。

幕藩体制から弾かれし者たちの「兄貴」格

近藤グループ9人中、本人を含めた6人が浪人である。では、当時の浪人の特性とは、どういったものなのだろうか。

江戸時代の地域社会は、18世紀後期頃から「浪人問題」に頭を悩ませてきた。浪人たちは徒党を組んで村々を徘徊《はいかい》し、村に金銭を要求したのである。いわゆる「押借《おしがり》」である。

このため村では、特定の有力な浪人と契約を結び、いろんなグループがやってくるたびに、いちいち金を払わないで済むように依頼していた。これは「仕切《しきり》契約」と呼ばれた。

幕末は、民衆たちがアウトロー化する時期である。多摩地方においても、小金井小次郎《こがねいこじろう》や一ノ宮万平《いちのみやのまんぺい》、小川幸蔵《おがわのこうぞう》などの村の「親分《おやぶん》」が確認できる。彼らは「押借」をするような浪人集団とは関係が深かった。というより、一体化していたといったほうがいいだろう。

『天保水滸伝《てんぽうすいこでん》』の平手酒造《ひらてみき》（大利根河原《おおとねがわら》の決闘で闘死した用心棒《ようじんぼう》の剣客）を思い浮かべてほしい。浪人である平手にとって、訴訟はいい飯《めし》の種である。訴訟沙汰があるとどちらか一方に介入し、剣の腕にものを言わせて敵対する相手に圧力をかけた。しかも当時は全国的に博奕《ばくち》が大流行していた時代だったから、浪人は用心棒業にも事欠かなかった。

近藤勇は村の中農層出身なので、本来はこのようなアウトロー集団とは、一線を画す存在であった。だが、剣術道場を営む近藤家に養子入りしたことにより、こうしたアウトロー集団のネットワークと無関係ではなくなった。

そして、この時の経験が、後に京都で新選組が情報ネットワーク網を作る際に、活かされたのではないだろうか。「近藤道場」は、江戸「三大道場」とは正反対の、幕藩体制から弾かれた階層の多彩な人材が交流する場でもあったのである。

第3節　浪士組の誕生

清河八郎の「浪士組」献策

文久《ぶんきゅう》2年（1862）、江戸幕府《えどばくふ》は一橋慶喜《ひとつばしよしのぶ》を将軍後見職《しょうぐんこうけんしょく》に、松平春嶽《まつだいらしゅんごく》を政事総裁職《せいじそうさいしょく》に新たに任命した。文久改革である。
両者とも、安政5年（1858）から翌年にかけての安政《あんせい》の大獄《たいごく》で処罰された人物であり、いわゆる勤皇《きんのう》の志士《しし》たちにも人気があった。こうした人事刷新は「幕府は本気で攘夷《じょうい》を実行するのではないか」という期待を抱かせるのに十分であった。

このような空気に敏感に反応したのが、清河八郎《きよかわはちろう》である。清河は出羽《でわ》国庄内《しょうない》藩領清川《きよかわ》村の郷士《ごうし》（下級武士）の家出身で、江戸に出て北辰一刀流玄武館《ほくしんいっとうりゅうげんぶかん》で剣を学び、幕府の昌平坂《しょうへいざか》学問所《がくもんじょ》で儒学《じゅがく》を学んだ。こうしたなかで清河は、独自に人的ネットワークを築いていった。

清河のネットワークは幕臣にも及び、幕府尊皇《そんのう》攘夷派の山岡鉄太郎《やまおかてつたろう》（鉄舟《てっしゅう》）とも親交を結んでいる。清河の主張は攘夷の実行にあり、万延《まんえん》元年（1860）12月4日に起こったアメリカ領事ハリスの通訳であるヒュースケンの暗殺事件にも関与を疑われた。このため幕府の密偵が清河の身辺に出没し、その密偵を清河が斬殺したため、お尋ね者になっていた。

ただ、清河は文久改革によって幕府に好意を抱き、文久2年閏8月にひとつの献策を行っている。その大略を述べれば、次のようになる。

浪士たちが暴れているのは、朝廷が攘夷の方針なのに、幕府が諸外国と講和していることとに憤ったからである。だから文久改革を契機に、これまで浪士たちが犯してきた罪を大赦《たいしゃ》して攘夷を実行すれば、彼らは朝廷や幕府のために死力を尽くすだろう。

清河にすれば、自らの政治的自由を回復するとともに、石坂周造《いしざかしゅうぞう》ら逮捕されたままの同志を、釈放させたいという希望もあったのだろう。

清河の献策は、幕府の軍事学校である講武所《こうぶしょ》で剣術世話心得《けんじゅつせわこころえ》を勤《つと》めている山岡鉄太郎や、やはり講武所剣術教授方《きょうじゅかた》の松平忠敏《まつだいらただとし》の協力を得て、春嶽が裁可する。

安政7年（1860）の桜田門外《さくらだもんがい》の変《へん》以来、浪士の暴力沙汰に手を焼いていた幕府首脳部にとっては、魅力的な提案だったのだろう。近年では、幕府が浪士組参加者としてリストアップした人物のなかに、坂本龍馬《さかもとりょうま》も入っていたことが知られるようになっている。幕末の政治情勢を、勤皇《きんのう》対佐幕《さばく》の単純な対立構造でとらえることは、できないのである。

清河八郎は「裏切り」の策士か？

浪士組結成の動きは、文久3年（1863）が開けると本格化する。同年正月18日、近《こん》藤勇《どういさみ》は、土方歳三《ひじかたとしぞう》の義兄にあたる佐藤彦五郎宛《さとうひこごろうあて》の手紙で、「山岡鉄太郎殿から廻状《かいじょう》が来たので、20日に天然理心流《てんねんりしんりゅう》の参加者を山岡殿に申し上げる」としている。山岡が積極的に動いていることがわかる。近藤のところに廻状が来たのは、近藤が道場主だったからであろう。やはり剣術道場は、情報の中継ポイントである。

浪士取立《とりたて》希望者は、2月4日に小石川伝通院《こいしかわでんつういん》に集合する。この時、予想外に多くの浪士が集まったので、責任者の松平忠敏が狼狽《ろうばい》して辞任したといわれるが、忠敏の講武所師範《しはん》並《なみ》への昇進および浪士取締罷免は正月14日なので、誤りである。

このような話ができた背景には、清河は最初から幕府をだますつもりで浪士組を編成させ、いずれ朝廷に浪士組ごと引き渡すつもりだったという「清河伝説」があるからである。これは勤皇対佐幕の対立という単純な図式を、絶対化したものである。

清河は、浪士組結成時には、本気で幕府とともに攘夷を実行しようと思っていた。だが、どうやら幕府役人と多く接するうちに、幕府による攘夷の実行を疑問に思い、京に到着した直後に浪士組を朝廷に従わせようとして、幕府を慌てさせたのである。

浪士組に集まった浪人は235人前後。その内訳は武士が37％、武士以外が63％である。武士といっても、藩士出身者は4人しかおらず、そのほかは浪人である。

後に触れるが、当時の浪人は、むしろ「偽浪人《にせろうにん》」といったほうがふさわしい人物も数多くいた。彼らは、身分制秩序が弛緩した幕末期だからこそ、公然と活動できるような人々であった。まさに一般の法規からは、外れてしまった存在といえる。近藤たちのグループも、当然、同じ性質であったと考えていいだろう。

浪士組は、全部で7つの組《くみ》に分けられた。1組30人前後であり、1組は3つの小隊《しょうたい》に分けられ、小隊は小頭《こがしら》に率いられた。近藤勇は、六番組の小頭のひとりであった。

後に新選組《しんせんぐみ》に参加した人物では、水戸《みと》浪人芹沢鴨《せりざわかも》が道中目附《どうちゅうめつけ》、武州大里《ぶしゅうおおさと》郡甲山《かぶとやま》村（熊谷市）の豪農《ごうのう》根岸友山《ねぎしゆうざん》が一番組の小頭、やはり水戸浪人の新見錦《にいみにしき》が三番組小頭になっている。なお、五番組小頭の山本仙之助《やまもとせんのすけ》は甲斐《かい》国（山梨県）出身の侠客《きょうかく》であった。浪士組には、百姓や侠客も参加していたのだ。

浪士組は、この年の3月に上洛する予定の徳川家茂《とくがわいえもち》を警護するために、先乗りする形で京都へと向かった。清河は京都に着いた翌日の2月24日、広く政治的建言を受け付けていた京都御所《ごしょ》内の学習院《がくしゅういん》に建白書《けんぱくしょ》を提出した。

この建白書によれば、幕府は攘夷を実行すべきであること。自分たちは幕府から禄《ろく》を受けているわけではなく、攘夷を実行しないなら、幕府の役人を譴責《けんせき》するとした。

建白書の提出は、「清河の裏切り」と評価されることが多いが、これは幕府関係者との接触を重ね、幕府を強引に攘夷に引きずり込むしかないと清河が判断した結果であり、当初から清河が裏切りを企図していたわけではない。

浪士組は3月13日、前年の文久2年8月に起きた生麦事件（薩摩藩主の行列を妨げたイギリス人を藩士たちが殺傷した事件）の影響で、関東にイギリス艦隊が押し寄せるとの情報があり、江戸に引き返すことになった。しかし、近藤や芹沢たちは京都に残留することになる。

では、なぜ近藤は京都に留まろうとしたのか。近藤は「御滞京《ごたいきょう》相成《あいなり》候《そうろう》一同《いちどう》安心《あんしん》仕《つかまつり》候《そうろう》」（近藤勇「志大略相認書」）と、京都に将軍が留まって攘夷を実行してこそ朝廷と幕府の関係が上手くいくようになると考えていた。要するに、天皇が居住する帝都（京都）を防衛することに死力を尽くすことが、今後の幕府権力の安定につながると考えていたわけである。

〈参考文献〉

第1節

小島政孝『武術・天然理心流』上（小島資料館、一八七八年）

吉岡孝『八王子千人同心における身分越境』（岩田書院、二〇一七年）
「近藤勇の御世話役剣客御一統様宛書状」（『武相自由民権史料集』第一巻）
荒井顕道編『牧民金鑑』上（刀江書院、一九六九年）

第2節

菊地明『新史料からわかった新選組の真実』（洋泉社、二〇一八年）
三十一人会編『斎藤一』（小島資料館、二〇一六年）
「文久三年宗門人別書上帳扣」（『特別展新選組誕生』日野市、二〇〇六年）

第3節

平川新「中間層論からみる浪士組と新選組」（平川他編『地域社会とリーダーたち』、吉川弘文館、二〇〇六年）
三野行徳「幕府浪士取立計画の総合的検討」（大石学編『一九世紀の政権交代と社会変動』、東京堂出版、二〇〇九年）
「近藤勇書状」（『新選組・新徴組と日野』、日野市立新選組のふるさと歴史館、二〇一〇年）
「近藤勇の『志大略相認書』」（『武相自由民権史料集』第一巻）

東禅寺英国公使館（九州大学附属図書館所蔵『Le Japon illustre 1』所収）

コラム　錦絵に描かれた「新選組」①

『甲州《こうしゅう》勝沼《かつぬま》驛《えき》ニ於《お》テ近藤勇驍勇《ぎょうゆう》之《の》図《ず》』を読み解く

敗者に「驍勇」と冠した錦絵の意味

新選組《しんせんぐみ》の錦絵のなかで、最も有名な作品がこれではないだろうか。新選組は昔から、理想の武士像を追い求めるあまり、西洋化という時代の流れに対応できなかった集団という印象を持たれがちである。そのイメージは、明治7年（1874）12月に刊行された、この作品にも反映されている。

まず、画面中央で凜々《りり》しく立っている男が近藤勇だ。その恰好《かっこう》は和装に刀姿という前時代的なものである。しかも、近藤の周

月岡芳年筆「甲州勝沼駅ニ於テ近藤勇驍勇之図」明治7年(1874)刊

りには、仲間とみられる和装の男の死体が横たわり、戦況は良くないことが強く印象付けられる。

さらに煙の向きなどから、逆風が吹いていることがわかり、近藤の行く末が危ういことを感じさせる。事実、近藤はこの戦い後、流山《ながれやま》（千葉県）で捕らえられ板橋《いたばし》宿（東京都）にて斬首に処された。

反対に、画面の左側に描かれた新政府軍は、服装も洋装に統一され、隊長とおぼしき人物の指揮で、一斉に発砲している。その様子から、非常に統率のとれた部隊であることがみてとれる。

近藤の率いる甲陽鎮撫隊《こうようちんぶたい》は、実際は後装ライフル銃や大砲など、最新鋭の武器を擁する部隊であったが、この錦絵の近藤隊は刀で近代装備の敵に立ち向かっている。

そもそも慶応4年（1868）3月に起こった甲州勝沼の戦いは、近藤が率いる甲陽鎮撫隊と、土佐《とさ》藩の板垣退助《いたがきたいすけ》が率いる迅衝隊《じんしょうたい》を中心とした新政府軍の衝突である。近藤は江戸防衛の要にして、江戸城の西方約125㎞に位置する甲府《こうふ》城を押さえるために兵を挙げたが、既に甲府城は新政府軍の手に落ちていたため、入城することができなかった。

進軍に際して甲陽鎮撫隊は、泊まる先々でどんちゃん騒ぎをしたために、行軍が遅れたとする説がある。だが実際には、3月1日に江戸を出発し、その日のうちに日野《ひの》（東京都日野市・行軍距離約37㎞）、2日には与瀬《よせ》（神奈川県相模原《さがみはら》市・行軍距離約25㎞）、3日には猿橋《さるはし》（山梨県大月《おおつき》市・行軍距離約25㎞〔甲府城まで約46㎞〕）に宿泊しており、特に遅延したわけではない。思った以上に迅速に行軍しているのだ。

この絵を描いたのは、幕末から明治にかけて活躍した絵師の月岡芳年《つきおかよしとし》である。芳年の師匠は歌川国芳《うたがわくによし》で、国芳は江戸時代に幕府の厳しい規制に反発し、一風変わった風刺画を描いたことでも有名だ。芳年も、そんな師匠の反骨精神を受け継いだのだろう。逆賊《ぎゃくぞく》と呼ばれた新選組の近藤に、「驍勇（強く勇ましいさま）」という言葉を題名に用いて、滅びゆく者の美しさ、気高さを見出したのではないだろうか。

（勝見知世）

第2章

「新選組」結成への道

壬生新選組屯所
（東京大学史料編纂所所蔵『京都に於ける維新史蹟』所収）

第4節　京都守護職会津藩

会津藩主松平容保の上洛

会津《あいづ》藩松平《まつだいら》家は、徳川《とくがわ》（江戸《えど》）幕府《ばくふ》2代将軍秀忠《しょうぐんひでただ》の子保科正之《ほしなまさゆき》を藩祖とする屈指の名門である。

江戸時代の大名《だいみょう》の格式《かくしき》は、御三家《ごさんけ》・御三卿《ごさんきょう》、そして加賀《かが》藩前田《まえだ》家を別格とする。その下は、親藩《しんぱん》・譜代《ふだい》と外様《とざま》に分かれるが、前者のなかで最高の格式は、江戸城の控《ひかえ》の間《ま》の名をとって「常溜《つねだまり》」と呼ばれる。常溜は3藩しかなく、彦根《ひこね》藩井伊《いい》家・高松《たかまつ》藩松平家、そして会津藩松平家である。

文久《ぶんきゅう》2年（1862）、京都守護職《きょうとしゅごしょく》が新設されたが、将軍を凌《しの》ぐ権威を持ちはじめた天《てん》皇《のう》・公家《くげ》勢力や、粗暴な脱藩浪士《だっぱんろうし》が集結している京都でしかるべく活動するためには、格式も実力も兼ね備えた藩でなければならなかった。そうなれば、会津藩が最もふさわしい。

京都守護職の役割は多岐にわたるが、ここでは帝都（京都）防衛に着目してみたい。会津藩主松平容保《かたもり》は文久2年12月24日に京都に入るが、その直前の16日、先行して上洛していた会津藩士篠田富之助《しのだとみのすけ》は朝廷から呼び出され、「帝都防御」について下問されている。つまり朝廷は、外国勢力を打ち払う攘夷《じょうい》戦が実行された場合、大坂《おおさか》湾や京都の防衛をしっかりできるのか、とても気にしていたのである。

京都守護職は、朝廷の信頼を幕府につなぎとめ、将軍に日本の統治を委任する大政《たいせい》委任を確保しなければならない。そうしなければ、幕府が崩壊する恐れが現実のものとなってしまうからだ。そして朝廷からの信頼を勝ち得るためには、帝都防衛策の確立こそが求められたのである。

嘉永《かえい》7年（1854）にロシアの海軍中将プチャーチンが座乗するディアナ号が、大坂湾に出没した。当時の関西地方の住人にとって、外国船の来襲はリアルな問題だったのである。文久3年（1862）3月、容保は建白書を提出して、淀川《よどがわ》沿いに台場《だいば》（砲台）を建築することを願い出た。会津藩も、外国船が淀川を遡上《そじょう》する可能性が低いことは認識していたので、国内の攘夷派を牽制《けんせい》する目的だとされている。

この指摘自体はその通りであるが、両者を整然と分割してしまうのもどうであろうか。会津藩が最も懼《おそ》れていたのは、攘夷戦が起きた時に不逞《ふてい》の浪士たちが決起することや、内乱が勃発した時に、外国の侵略を受けることではなかったのか。

その時に、国内はもちろん、場合によっては外国勢力に天皇が拉致《らち》されることが最悪の想定であろう。幕末の社会を表現する際に、「内憂外患《ないゆうがいかん》」という言葉がよく使われるが、内憂と外患はセットとして考えるべきではなかろうか。なお、会津藩はこの提言に基づき、楠葉《くすば》台場（枚方市《ひらかた》）などを実際に構築している。

長州・土佐より先に早く「浪士組」を引き取れ！

内憂外患を危機として想定する場合、京都に滞留している浪士たちへの対策は、当然、なされねばならないものとなった。当初の会津藩の具体的な対策法は「言路洞開《げんろどうかい》」、つまり浪人たちの意見を聞き、志《こころざし》ある者は奉公《ほうこう》させるというものであった。

浪士組もそうであるように、敵に走られるくらいなら、味方にしたほうがよい。幕末期は輿論《よろん》・公論《こうろん》が重視された時代である。従来なら政治的には無視してもいいような浪人であっても、輿論に乗っているのなら無視はできない時代であった。

実際、文久3年8月（浪士組上洛の半年後）に天誅組《てんちゅうぐみ》の変で挙兵し、幕府軍と戦って戦

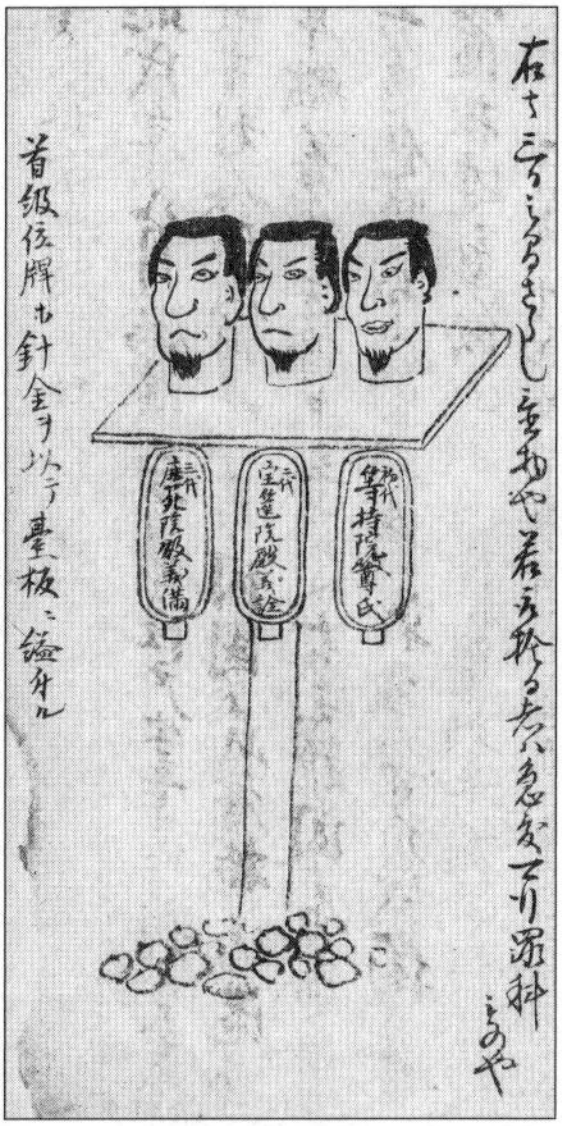

「木像梟首《きょうしゅ》像図」（個人蔵『夢乃浮草《ゆめのうきぐさ》』所収）
この事件を引き起こした犯人たちは国学《こくがく》者《しゃ》平田《ひらた》篤胤《あつたね》の影響を受けた人物が多かった。平田国学は、民衆に浸透した「草莽《そうもう》の国学《こくがく》」としても著名である。島崎藤村《しまざきとうそん》の小説『夜明け前』の主人公青山半蔵《あおやまはんぞう》（藤村の父がモデル）も平田国学を学んでいる設定になっている。天皇崇拝の念が篤《あつ》い彼らにすれば、室町《むろまち》幕府を開いた足利尊氏《あしかがたかうじ》、その息子義詮《よしあきら》、その孫義満《よしみつ》は代表的な天皇の敵であり、その木像をさらし現今の将軍を当てこするのは、自然だったのであろう。

死を遂げた浪士藤本鉄石《ふじもとてっせき》（天誅組三総裁《さんそうさい》のひとり）も、同年3月13日に会津藩の本陣がある黒谷《くろだに》にやってきている。鉄石は容保に拝謁し、「会津藩の手厚い対応に感服した」といって帰っていった（『会津藩庁記録』一）。しかし、「言路洞開」のみでやっていけるほど甘くはなかった。

文久3年2月22日、等持院《とうじいん》にあった初代足利尊氏《あしかがたかうじ》をはじめとする室町《むろまち》幕府将軍3人の木像の首が、賀茂《かも》川の河原にさらされた。逮捕された犯人たちには、平田国学《ひらたこくがく》の影響が濃かった。

平田国学系浪士の一部は、暗に将軍の殺害をほのめかすまで批判を高まらせており、「言路洞開」は維持するにしても、過激な分子に対しては積極的に排除していくことが望ましかった。しかし、それを行うには、会津藩は人材も予算も不足していた。

また、木像梟首《きょうしゅ》事件では、会津藩士大庭恭平《おおばきょうへい》も浪士側に加わっている。大庭は京都の浪士の動向を探っているうちに、「ミイラとりがミイラに」なったわけである。これは諜報《ちょうほう》活動上、珍しい話ではない。京都に来たばかりの会津藩士たちにとって、地理にも暗く、人脈もわずかな京都で情報収集活動を行うことは、非常に困難なことであった。

そんな会津藩に朗報が入る。二条《にじょう》城にいる幕府老中《ろうじゅう》から、「京都に居残った浪士組の24人を会津藩でひとまとめに引き受けろ」と言ってきたのである。これが近藤勇《こんどういさみ》たちを指すことは、いうまでもない。

文久3年3月15日、会津藩公用方は近藤や芹沢鴨《せりざわかも》たちと面接し、彼らを引き取ることにした。会津藩では、近藤たちに酒食まで提供して、京都残留浪士組を感激させている。

近藤たちにかかる経費は、幕府から出ることになっていた。会津藩にとっては、近藤たちを引き取ったのは老中の命令ということもあるが、「言路洞開」路線の延長であろう。近藤たちは京坂の地で隊士を募集しはじめるが、これもできるだけ多くの浪人を集めたほうが、京都の治安の向上につながるだろう。

もう一点、指摘すると、会津藩には「土長之両藩《とちょう》」、つまり土佐《とさ》藩と長州《ちょうしゅう》藩が、近藤た

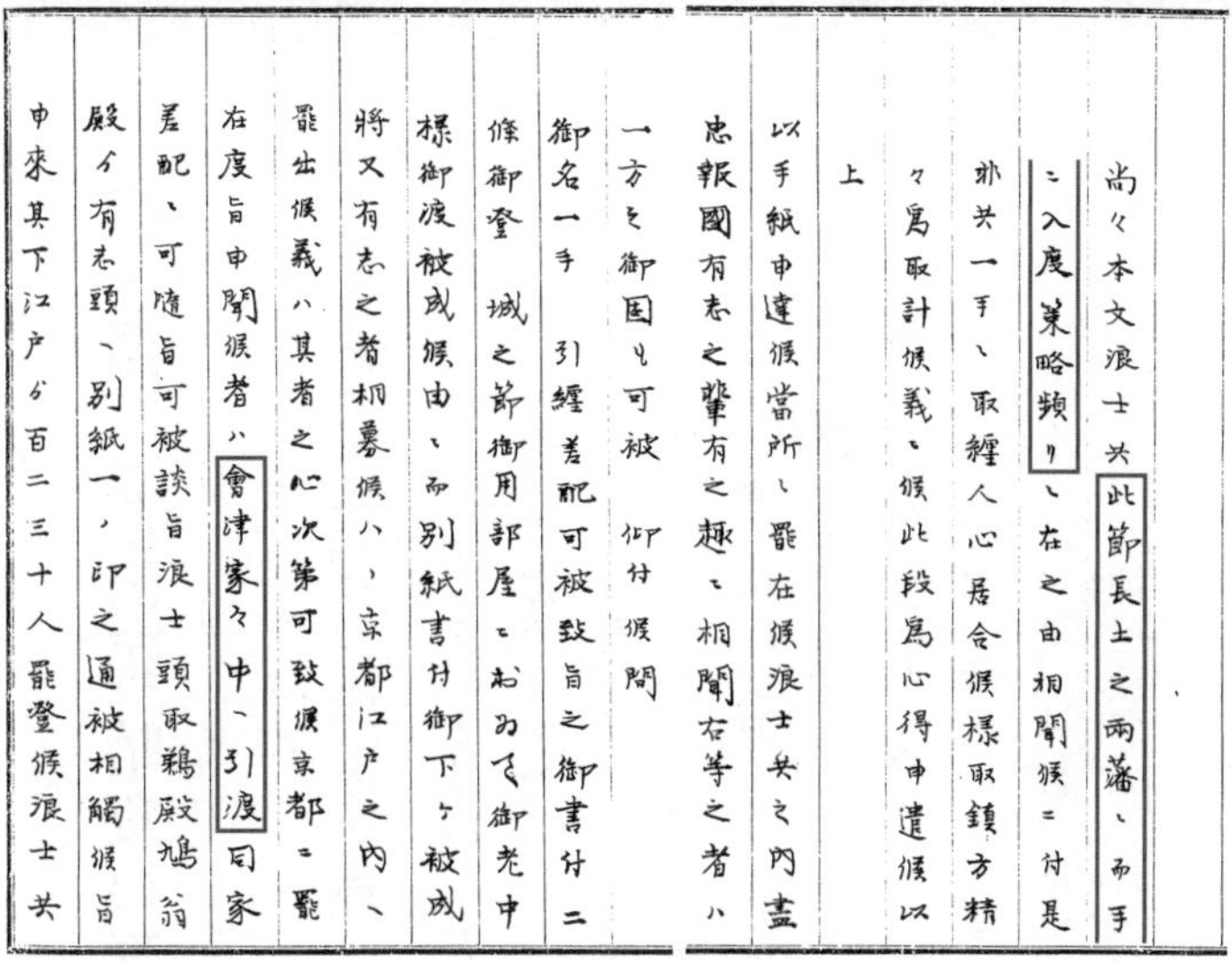

尚々本文浪士共此節長土之両藩ニ而手
ニ入度策略頻り、在之由相聞候ニ付是
非共一手ニ取纏人心居合候様取鎮方精
々爲取計候義ニ候此段爲心得申遣候以
上
以手紙申達候當所ニ罷在候浪士共之内盡
忠報國有志之輩有之趣ニ相聞右等之者ハ
一方ニ御国ニも可被　御付候間
御名一手　引纏差配可被致旨之御書付ニ
條御登　城之節御用部屋ニおゐて御老中
様御渡被成候由ニ而別紙書付御下ケ被成
將又有志之者相慕候ハヽ京都江戸之内ヘ
罷出候義ハ其者之心次第可致候京都ニ罷
在度旨申聞候者ハ會津家々中ニ引渡同家
差配ニ可随旨可被談旨浪士頭取鵜殿鳩翁
殿ゟ有志頭ヘ別紙一ノ印之通被相觸候旨
申來其下江戸ゟ百二三十人罷登候浪士共

田中土佐等書簡「新選組ノ浪士等会津藩ニ属ス」（東京大学史料編纂所所蔵）
「浪士組」として上洛した近藤勇たちは、江戸帰還の方針には従わず、京都に残留した。すると幕府老中は会津藩に残留浪士たちを預かることを命じ（「会津家家中ニ引渡」）、文久3年3月15日に会津藩公用方は近藤たちと面会している。というのも、長州藩や土佐藩が近藤ら浪士たちを手に入れようと画策していた（「此節長土之両藩ニ而手ニ入度策略頻り」）ことが、この史料には記されているのだ。

ち浪士組を利用しようとしているので、ひとまとめにして味方につけたいとの思いがあった。

文久2年から土佐藩の武市《たけち》半《はん》平《ぺい》太《た》や長州藩の久坂《くさか》玄瑞《げんずい》たちは、京都で「天誅《てんちゅう》」というテロリズムに走っており、彼らに利用されるくらいなら、京都残留浪士組を幕府側で囲い込むべきだとの判断もあったのであろう。また、近藤たち浪人集団であれば、会津藩士には潜入が難しい、勤《きん》皇《のう》の志士という浪人集団のネットワークに、容易にアクセスできるはずだからである。

第5節　「芹沢鴨」暗殺の真相

荒くれの志士「芹沢鴨」の実像

文久《ぶんきゅう》3年（1863）2月に上洛した浪士組《ろうしぐみ》で、京都に残った残留派は次第に淘汰《とうた》されていき、やがて近藤勇《こんどういさみ》のグループと、芹沢鴨《せりざわかも》のグループの二派だけが残った。芹沢は文久3年9月16日に、近藤たちの手で暗殺されたとされる。では、芹沢とは、どのような人物だったのか。芹沢には粗暴なイメージがあるが、本当はどうなのであろうか。

近年では、新選組に参加する以前の芹沢の動向についても、明らかにされている。

芹沢は天保《てんぽう》3年（1832）に常陸《ひたち》国芹沢村（行方《なめがた》市）の郷士《ごうし》芹沢家に生まれ、松井《まつい》村（北茨城《きたいばらき》市）の神官である下村《しもむら》家に婿養子に入り、下村嗣次《しもむらつぐじ》と名乗った。下村嗣次という名前は、近藤も故郷の門人に伝えている。

幕末期の水戸《みと》藩では、神官《しんかん》の軍事編成を進めており、神官たちを組織して武術を習得させていた。芹沢は神道無念流《しんどうむねんりゅう》の皆伝《かいでん》を受けたという。なお、この流派は天然理心流《てんねんりしんりゅう》と同じく、農村への流派の普及に熱心であった。

幕末期の水戸藩の政治状況は複雑だが、芹沢は尊皇攘夷《そんのうじょうい》「激派《げきは》」、いわゆる天狗党《てんぐとう》の一員として活動する。万延《まんえん》2年（1861）正月、芹沢を含む天狗党の一団が佐原《さわら》（千葉県香取市《かとりし》）にやってきた。その目的は、1000両の「押借《おしがり》」である。

村からの金策は、江戸《えど》時代の浪人集団の通癖だが、幕末期には「天下国家のため」といった政治的性格が加味され、浪人たちが要求する金額は飛躍的に上昇していた。佐原の村役人が200両に値切ると、芹沢は放火を口にし、鉄扇《てっせん》で村役人たちに暴行を加え、流血した者もいた。芹沢が百姓《ひゃくしょう》の首を刎《は》ねたという噂《うわさ》まで立ったという。

とはいえ、このような芹沢の「活躍」によって、浪士たちは村から800両を脅し取ることに成功している。この金は文久元年（1861）5月に起こった、江戸高輪《たかなわ》の東禅寺《とうぜんじ》イギリス公使館襲撃事件の資金になったという。その後、芹沢はいったんは捕縛されるが、やがて釈放され、文久3年に浪士組に参加する。

上洛後に京都に残留した芹沢・近藤グループは、会津藩の預《あず》りとなり、「壬生《みぶ》浪士組」を名乗るようになる。彼らによってその直後に書かれた史料がある。

それは「文久3年6月6日付松平肥後守《まつだいらひごのかみ》（容保《かたもり》）宛」で、「西洋の学問をすべて廃止せよ」という国粋主義《こくすいしゅぎ》的な主張が記されている。この史料は、芹沢と近藤の二人の署名で、肩書は「浪士惣代《ろうしそうだい》」である。

惣代とは代表者のことであり、芹沢と近藤は会津藩の部局長ではなく、浪人集団の代表者と名乗っているのである。このことは、新選組という集団を考える上で興味深い。そして署名の筆頭は芹沢であり、このことから当時の主導権は、近藤ではなく芹沢が握っていたと考えられる。

「西洋の学問をすべて廃止せよ」という国粋主義的主張は、神官上がりで水戸学の影響を受けた芹沢の考えとみて間違いない。この史料を見ると、芹沢が暗殺されざるを得なかった理由が浮かび上がってくる。

通常、近藤たちによる芹沢の暗殺は、芹沢の粗暴な振る舞いが原因とされる。たしかに、芹沢が粗暴な人間だったことは事実であり、京都でも押借を働いていたようである。

ただ、芹沢が起こした事件として有名な、大和屋庄兵衛《やまとやしょうべえ》焼討《やきうち》事件に関しては、芹沢を犯人として特定できない。もし、本当に芹沢が犯人なら、近藤たちは暗殺ではなく、堂々と処刑すればよかったのではないだろうか。

近藤勇を魅了した芹沢の「水戸学」的思考

芹沢の「西洋の学問をすべて廃止せよ」という主張は暴論である。会津藩にしてみれば、帝《みかど》（天皇）の住まう都である京都を防衛するために台場を建設するにしても、攘夷のために大砲やミニエー銃（先込式ライフル銃）を生産するにしても、西洋の学問・軍事技術は欠かせなかった。芹沢の提言は、これらをすべて否定するものである。

では、近藤の軍事に対する考え方は、どうだったのであろうか。近藤は後年、蘭方医《らんぽうい》の松本良順《まつもとりょうじゅん》と親交を結んでおり、また近藤自身も洋式調練に熱心であった。近藤には芹沢のような、武器国粋化とでもいうような志向はない。

文久3年4月17日、井上源三郎《いのうえげんざぶろう》の兄松五郎《まつごろう》は、八王子千人同心《はちおうじせんにんどうしん》の一員として上洛し、土方歳三《ひじかたとしぞう》、沖田総司《おきたそうじ》、弟の源三郎らと会っている。この時、彼らは「近藤は天狗《てんぐ》に成《な》」ったと嘆いている。これは近藤が、元天狗党の芹沢に感化されて、その同類になってしまったと嘆いているのである。

水戸学《みとがく》は、日本の歴史的位置を示し、攘夷を行う理論的根拠を明らかにする。近藤にとって水戸学は、非常に知的な刺激に富んだものであったことは想像に難くない。だが、近藤には芹沢のように、軍備においても「大和魂《やまとだましい》」で、国粋主義を貫徹するような信念はなかった。つまり芹沢は、近藤に政治的思考は教えてくれたが、現実については教えてくれなかったのである。

西洋兵学も駆使して帝都防衛を行い、権力を安定させたいと考えている会津藩は、極論すれば「欧米列強なんか、刀1本で撃退できる」といっているような芹沢の水戸学的思考を、受け入れることはできなかったのである。

芹沢と会津藩の対立が大問題となっていたことは、松五郎が「水・会、私一そん《(存)》の取計《とりはからい》ニ相成兼候《あいなりかねそうろう》」（水戸と会津の関係は、自分の一存では決められない）と書いていることからも窺《うかが》える。

芹沢はたしかに粗暴な性格ではあった。だが、それが理由で暗殺されたというよりは、芹沢の国粋主義的な思考が会津藩と相いれず、近藤らによって粛清《しゅくせい》されることになったのではないかと筆者は推測する。

第6節　新選組の「隊名」と「隊旗」

隊名は「新選組」か、「新撰組」か？

新選組《しんせんぐみ》の隊名については、漢字が「選」なのか、「撰」なのかで熱くなる向きもいるようだが、これはあまり意味がない論争である。

少し漢文《かんぶん》をかじった人間なら誰でも知っているように、音が同じなら、違う漢字であっても、同じ意味として通用するのである。たとえば、「蓋」という字は「カフ」と読むので、「何不《カフ》」の代用として使用された。

また、江戸《えど》時代の古文書《こもんじょ》の初歩を知っている者なら、当て字が当たり前に使用されていることを知っているはずである。「御座候《ござそうろう》」と書く場合も「御坐候《ござそうろう》」と書く場合もあるが、両者の意味が違っているわけではない。さらに、ひらがなに至っては、変体仮名がごく普通に使用され、「安」も「阿」も「愛」も「亜」も「悪」も「あ」として通用したのである。

それゆえ新選組の印鑑に「選」の字が使われているからといって、「新選組」と書くことが正しいとはいえない。もちろん、間違っているともいえないが。音が通っていれば、同じ意味として解釈するという文字環境だったという認識を持つことが重要である。本書では、新選組には「選」の字を使用しているが、統一を取ったほうがふさわしいという程度の意味であり、深い意味はない。

「誠」の旗に込められた意味

また、新選組の隊旗は、「誠《まこと》」の一字が著名である。新選組は「誠」が隊の象徴として機能していた。

たとえば、「文久《ぶんきゅう》4年（1864）正月10日付平忠右衛門《たいらちゅうえもん》他《ほか》一名宛《あて》土方歳三《ひじかたとしぞう》書状」には、同年1月2日に大坂《おおさか》入りした14代将軍徳川家茂《しょうぐんとくがわいえもち》を警護した際の、警備配置図が記されている。大坂城が描かれ、「会津《あいづ》家老神保内蔵之助《じんぼくらのすけ》二百人」「紀伊大納言《きいだいなごん》（徳川茂承《もちつぐ》）千人」などと記されて、「松平肥後守《まつだいらひごのかみ》（容保《かたもり》）御預《おあずかり》新選組百人」という記述も見られる。その傍《かたわ》らには「誠」の一字が書かれた旗が記されている。

平家は土方の親類筋の家だから、土方にすれば、親類に大坂警備という晴れがましい勤めの様子を見せたかったのであろう。そして、そこには新選組を象徴する存在として「誠」の旗が記されている。土方が「誠」の旗に、新選組を象徴させていることは明らかであろう。

では、この「誠」は、何に由来するのであろうか。

直接的な史料を欠くが、『中庸《ちゅうよう》』という書物がある。儒学《じゅがく》の主流派朱子学《しゅしがく》が重んじる「四書《ししょ》（ほかは『大学《だいがく》』『論語《ろんご》』『孟子《もうし》』）」のひとつである。ちなみに朱子学では、三書を『大学』『論語』『孟子』の順番で読み、最後に『中庸』を読むのがよいとされている。『中庸』の20章には、次のような一節がある。

「誠は天の道なり、之を誠にするは人の道なり」（原漢文）

これは、『中庸』のなかでも有名な一節である。「誠」とは、「真実無妄《しんじつむもう》」（嘘《うそ》や偽りがない様子）であるとともに、「天理《てんり》の本然《ほんぜん》」（ありのままの自然の道理）と定義される。天然理心流の宗家を象徴する漢字としては、「誠」くらいふさわしいものはないであろう。

そして「誠」とは、「知仁勇《ちじんゆう》」の三徳《さんとく》を誠実なさしめることだという。「勇」だけではなく、「知」と「仁」が入っているのは、戦闘集団であるだけでなく、組織を政治団体にまで昇華させようとしていた新選組にふさわしいといえる。

第7節　新選組の「隊規」――「士道」「金策」「訴訟」――

「局中法度」は子母澤寛の創作

新選組《しんせんぐみ》のいわゆる「局中法度《きょくちゅうはっと》」は、小説家子母澤寛《しもざわかん》の創作によるものであることは明らかである。子母澤の「元ネタ」は、永倉新八《ながくらしんぱち》の回顧録である。

「そこで芹沢《せりざわ》（鴨《かも》）は、近藤《こんどう》（勇《いさみ》）・新見《にいみ》（錦《にしき》）のふたりとともに禁令《きんれい》をさだめた。それは第一、士道《しどう》をそむくこと、第二、局《きょく》を脱すること、第三、かってに金策《きんさく》をいたすこと、第四、かってに訴訟をとりあつかうこと、この四箇条をそむくときは切腹をもうしつくること」と、永倉は後年、述懐している。

この隊規が決められたのは、文久《ぶんきゅう》3年（1863）5月頃とされている。この時期は芹沢が「浪士惣代《ろうしそうだい》」として、近藤とともにグループをまとめており、近藤より格上だったことはすでに述べた。それゆえ芹沢は、新選組の隊規の成立にも主導的な役割を果たしたと考えるのが自然である。

「士道にそむくまじきこと」の意味

禁令の第一条「士道をそむくこと」による切腹は、「士道」という言葉の強烈さゆえに、新選組のイメージを決定づけてきた。しかし、「武士道」という言葉ではないことに注目されたい。

武士道という言葉は、江戸時代では一般的ではなく、この言葉が広く普及したのは、むしろ明治《めいじ》以降である。明治時代には、もはや武士は存在していないため、人間離れした忠誠心や潔さが強調される傾向にある。だが、新選組の士道とは、もっと生活感にあふれたものであった。

第二条「局を脱すること」は、「脱走者は死刑」という厳格な死の掟《おきて》として語られる場合が多い。だが、これについて宮地正人は、「有志として結合した我々は、死に至るまで一味同心でありつづけよう、と宣言するもの」としている。つまりこの箇条は、先祖代々禄《ろく》を頂戴してきた武士ではなく、有志連合・浪人結社を前提にしたものであるというのだ。

武士が特定の殿様の家来であるのに対して、新選組は主君を持たない浪士たちの集団であった。この事実は、ともすると武士階級の「あぶれ者」というイメージで見られがちなのだが、新選組は主君を持たない浪士たちの集団だったからこそ、機動的に動き回れたという事実は見落とされがちだ。

ちなみに、新選組は慶応《けいおう》3年（1867）6月に幕臣《ばくしん》に取り立てられるが、近藤はそれ以前に、少なくとも2回は幕臣化を拒否している。

「かってに金策いたすべからざること」と浪人集団

隊規の第三条は、勝手に金策《きんさく》をすることの禁止である。これは何を意味しているのだろうか。じつは江戸時代の浪人結社ほど、押借《おしがり》などの金策を勝手にする集団はなかった。

たとえば宝暦《ほうれき》12年（1762）5月、相模国三浦郡《さがみみうら》（神奈川県）の村々は浪人が多数徘徊《はいかい》し、合力銭《ごうりょくせん》をねだるので難儀《なんぎ》しており、渡す銭の金額を浪人ひとりにつき16文に統一しようという申し合わせをしている。村では、浪人たちのねだり行為を禁圧することはできないので、低料金に統一して、負担を少しでも軽減しようとしたのである。

このような村々の連合は、その後も増えつづけた。これを組合村《くみあいむら》という。文政《ぶんせい》10年（1827）頃に、ほぼ関東全域で成立した改革《かいかく》組合村でも、浪人の取り締まりは大きな目標になっている。

では、なぜこれほどまでに、組合村は増えつづけたのであろうか。それは浪人が増えつづけ、その行動がより過激になっていったからである。さらに浪人が増加した背景には、偽《にせ》浪人の存在があった。

文政末〜天保《てんぽう》期（1830〜40年頃）に村々を徘徊していた内藤喜三郎《ないとうきさぶろう》という浪人は、じつは武士の子供ではなく、武蔵《むさし》国入間《いるま》郡塚越《つかこし》村の百姓の子であった。本名は吉弥《きちや》。吉弥は江戸に出て侍奉公《さむらいぼうこう》をした。

侍奉公は、足軽《あしがる》や若党《わかとう》のような、帯刀《たいとう》を許された奉公であろう。そして当時は、奉公を辞めて地元に戻っても、違法を承知で、そのまま帯刀を続ける者も多かった。

侍奉公後も帯刀を続けている百姓のなかには、やがて浪人を自称する者（つまりは偽浪人）が出てくる。江戸時代後期は商品経済が発展し、金銭が必要になった百姓は田地を担保に金を借りた。その借金を返せなくなって、土地を手放さなければならない者も多かった。彼らは食うために侍奉公に行き、奉公が終わると浪人を自称して、村々を回って金銭を巻き上げていたのである。

このような状況は、幕末を迎えると大きく変化する。まず浪人たちは押借をするにしても、「攘夷のためにウン百両よこせ」といった、政治的大義を持ち出すようになったのだ。このため金額は、天井知らずに上がっていく。先の芹沢の事例では、800両であった。

幕末期の京坂地方には、多くの浪人たちがやってきた。彼らは「天誅《てんちゅう》」という名の暗殺テロ行為を行ったり、町人から金銭を巻き上げたりしていた。帝都（京都）防衛の視点に立てば、このような浪人の横行は、やがて内乱を誘発し、さらに外国勢力と呼応でもされたら大変なことになる。

そのため新選組は、京都から攘夷派の公家と長州藩《ちょうしゅう》を追い出した、文久3年の「八月十八日の政変」以降、市中取り締まりを行い、不逞《ふてい》浪人を取り締まったのである。

芹沢は、自身が村から金銭を強請《ゆす》り取った経験があり、近藤も場末の道場主である。その周りには、常に浪人・偽浪人が取り巻いていた。芹沢と近藤が、浪人の実態を知らなかったはずはない。そして取り締まりの主体となった新選組が、取り締まられる側の浪士たちと同じことをするわけにはいかないだろう。

平川新によれば、新選組隊士の内訳は、武士出身者が70％、武士以外の出身者は30％である。ただし、武士身分の半数以上が浪人であり、そのなかには偽浪人もかなりいたはずである。

つまり新選組のメンバー構成は、江戸時代の一般的な浪人結社と同じだったと考えられ、新選組の隊士のなかにも、ねだり行為を行う輩《やから》が混じっていたと考えられる。隊規で勝手な金策を禁じたのは、芹沢や近藤が浪人集団の実態を熟知し、そこから新選組を脱却させたかったからではないだろうか。

だからといって、新選組がまったく金策をしなかったかといえば、そうではない。禁じられたのは勝手な金策であり、新選組が隊の方針のもとに行う金策に関しては、実行されたのである。

たとえば元治《げんじ》元年（1864）12月のことであるが、会津藩と幕府が一時対立し、会津藩は幕府から財政支援を受けられなくなった。一会桑権力が強大化することを、幕府が警戒したためであった。会津藩の財政は、松平容保《まつだいらかたもり》の京都守護職《きょうとしゅごしょく》就任後に、極度に悪化していた。会津藩は、幕府からの援助がなければ、京都の治安維持活動などできない状況に陥っていたのである。

ちなみに新選組に関する経費は、幕府が支出していた。その経費は会津藩を経由して、新選組に下げ渡されていたのである（多聞櫓文書29092）。

元治元年11月に近藤は、鴻池善右衛門《こうのいけぜんえもん》や加島屋作兵衛《かじまやさくべえ》など大坂の豪商23名を集めて、会津藩のための借金を申し込んでいる。この交渉には紆余曲折《うよきょくせつ》があったようだが、会津藩京《きょう》都留守居役《とるすいやく》の書状によれば、近藤は元治元年冬に5万両、慶応元年（1865）4月に5万両で、合計10万両の借用に成功している。これも才能というべきであろう。

近藤は慶応3年12月にも、鴻池善右衛門や加島屋作兵衛らから4000両の借金をしている。これは日付から考えて、来たるべき薩長軍との戦いに備えて集めた軍資金と考えられよう。

このように新選組は、隊規で金策を禁じたからといって、金策そのものを禁じたわけではない。会津藩への助力といった大きな目的のためには、むしろ積極的に金策に走っている。重要なのは、末端の隊士の私的な金策を禁じ、政策的な金策は隊を挙げて行っていたということである。

「かってに訴訟とりあつかうべからず」とは

新選組《しんせんぐみ》隊規の第四条は、勝手に訴訟《そしょう》を取り扱うことを禁止するものであった。この背景には、どのようなことがあるのだろうか。

ここで再び江戸《えど》時代の浪人《ろうにん》集団の実態を見てみよう。浪人集団は、仕切契約《しきりけいやく》という契約を村と結ぶ場合があった。

仕切契約は、宮川勝次郎《みやがわかつじろう》という浪人が、文政後期（1830年代）頃に発案したものといわれる。これは、ある浪人グループが特定の村と契約を結び、一定金額を受け取る代わりに、別な浪人グループが村に立ち入ることを排除したものである。いわば用心棒《ようじんぼう》契約である。

宮川たちの浪人グループは、自分たちが金を受け取っている村と、自分たちとは別の浪人グループの間の紛争を、非合法で仲裁しようとしたわけである。もし合法的に解決しようというなら、村は支配領主に訴えることになる。

だが、領主に訴えるという行為は、あまり有効な手段ではなかった。領主が徘徊《はいかい》している浪人たちを根絶してくれるなど、そもそも望むべくもなかった。

そこで宮川たちは、こうした村のニーズにこたえようと、超法規的な訴訟を受け付けたわけである。浪人集団は、喧嘩の仲裁も飯《めし》の種にしていたのである。

一般的な浪人が、このような生活をしていた以上、新選組に参加した浪人たちのなかにも、金銭目的で勝手に訴訟を取り扱う不心得者《ふこころえもの》が出てこないとも限らない。それゆえ、このような隊規が必要だったのであろう。

実際、新選組のもとには、いくつも訴訟が持ち込まれている。文久《ぶんきゅう》3年（1863）12月、近藤勇《こんどういさみ》が中羽根村《なかはね》（滋賀県東近江市）の庄屋代官《しょうやだいかん》小澤文次郎《おざわぶんじろう》宛《あて》に送った手紙が残っている。

これによると、文次郎の統轄《とうかつ》する七里村《しちり》（滋賀県竜王町《りゅうおう》）で村人同士の争いがあった。そのうちの誰かが、新選組のところに訴訟を持ち込んだ。だが新選組では、支配《しはい》（管轄）違いのため訴訟を無視した。しかし三好織江《みよしおりえ》・大桝屋久右衛門《おおますやきゅうえもん》・水戸殿家来《みとどのけらい》2人が新選組と偽って、七里村に出向いたのである。

近藤は当初、支配違いの訴訟を受け付ける気はなかったようである。しかし、それに関係なく、新選組の名を騙《かた》る者が現れたのである。多彩な浪士が集まっている新選組は、支配違いであっても村にとっては、訴訟の受付先として魅力的であったことがわかる。

ということは、訴訟の受け付けをしっかり管理しておかないと、もし不心得者の隊士が勝手に訴訟を受けてこじらせでもしたら、新選組は社会的信用を失うことにつながる。隊規を作って末端の隊士に至るまで、勝手に訴訟を取り扱うことを禁じたのは、こうした理由からである。

そして、このような超法規的な訴訟を引き受けることは、新選組の活動にとってもメリットがあったことは、想像に難くない。超法規的訴訟の向こう側には、浪人集団はもちろん、脱藩浪士《だっぱんろうし》たちもいたであろうから、このような訴訟を通じて不逞《ふてい》浪士を炙《あぶ》り出すこともできるからだ。

芹沢が作り近藤が継承した「隊規」のもとで

先の事例では、近藤は支配違いの訴訟を受け付けることを拒否している。だが文久3年6月、新選組は大坂《おおさか》の町人吉松《よしまつ》という者が、浪士組《ろうしぐみ》の名を騙って悪事を行っていることを探知し、わざわざ大坂まで出掛けていって捕縛し、一度、大坂町奉行《まちぶぎょう》に引き渡した後に、自らの屯所《とんしょ》に連れ帰っている。わざわざ町奉行に身柄を引き渡していることから判断すると、新選組はこの時点では、管轄違いの役所の顔を立てていたことがわかる。

しかし、慶応《けいおう》元年9月には、次のような記録がある。

「元来壬生浪《みぶろう》（壬生浪士組）、近来京坂に跋扈《ばっこ》し、町奉行を蔑如《べつじょ》し、金銀の出入《でいり》なとを初め、種々の故障なと勝手ニ已《おの》か役場へ引寄セ裁判す」

壬生とは現在の京都市中京区《なかぎょう》にある地名で、新選組の屯所があったところである。そこにいた浪士組なので壬生浪士組（壬生浪）と呼ばれた。壬生浪士組の屯所では「金銭出入」、つまり借金に絡む訴訟をはじめ、支配違いのさまざまな訴訟が裁かれていたというのである。

元治《げんじ》元年（1864）7月の禁門《きんもん》の変（過激な尊皇攘夷を唱える長州《ちょうしゅう》藩兵が会津《あいづ》藩等の排除を目論《もくろ》み京都に進撃し、御所《ごしょ》に発砲した事件）を経て、新選組の訴訟の取り扱いは変質したといえる。この理由は3つ考えられる。

一つは、新選組の名を騙る者については、それらを自ら捕らえて裁くことが、最も迅速《じんそく》な対処法だったこと。いちいち町奉行所に引き渡していては、煩《わずら》わしいのである。

二つめは、持ち込まれる訴訟の一部には、新選組が欲しい情報が含まれていたこと。長州系浪士の動向などを探るのに、役立つ情報があったことも考えられる。

三つめは、超法規的な活動を行うことで、自らの実力を内外に誇示することができるということ。

金策と同じように、訴訟に関しても、末端隊士たちによる訴訟の取り扱いを禁止して、新選組として受け付けるという形で、窓口を一本化させたのである。

なお、この隊規を主導して作成したのは芹沢鴨《せりざわかも》と考えられる。これを近藤勇が継承したことを考えると、新選組における芹沢の影響は、従来より大きく考えるべきである。

〈参考文献〉

第4節

文久二年一二月二八日付萱野権兵衛他宛田中土佐他書状『会津藩庁記録』一、東京大学出版会、一九六九年）

後藤敦史「幕末政治史と大阪湾の台場」(後藤敦史他編『幕末の大阪湾と台場』、戎光祥出版、二〇一八年)
「大日本維新史料稿本」文久三年三月一三日条(東京大学史料編纂所データーベース)

第5節

酒井右二「芹沢鴨と天狗党佐原騒動」(『新選組京都の日々』、日野市立新選組のふるさと歴史館、二〇〇七年)
松浦玲『新選組』(岩波新書、二〇〇三年)
井上松五郎『文久三年御上洛御供旅記録』(日野の古文書を読む会研究部会、一九九八年)
「近藤勇書状写帳」(『佐藤彦五郎日記』二、日野市、二〇〇五年)

第6節

上野さだ子編『軌跡』II(日野の古文書を読む会、二〇〇六年)
島田虔次『大学・中庸』下(朝日新聞社、二〇〇六年)

第7節

永倉新八『新選組顚末記』(新人物往来社、一九九八年)
宮地正人『歴史のなかの新選組』(岩波書店、二〇〇四年)

吉岡孝『江戸のバガボンドたち』（ぶんか社、二〇〇三年）
川田純之「徘徊する浪人の実態とその社会」（『栃木県立文書館研究紀要』創刊号、一九九七年）
『幕末会津藩往復文書』下巻（会津若松市、二〇〇〇年）三六五～三六七ページ
川田純之「下野における徘徊する浪人と村の契約」（『地方史研究』二四八号、一九九四年）
「小澤朝夫氏所蔵文書」（『新選組京都の日々』、日野市、二〇〇七年）
「西川吉輔『新聞』摘録」（『新選組京都の日々』）

コラム　錦絵に描かれた「新選組」②

『箱館《はこだて》大戦争《だいせんそう》之図《のず》』を読み解く

土方歳三「戦死の日」の戦いが描かれた作品

『箱館《はこだて》大戦争《だいせんそう》之図《のず》』という錦絵がある。改印もなく、刊行年代も記されていないため、いつ出された作品かは特定できない。ただ、箱館戦争が終わって間もない頃の作品ではないかと考えられている。

この錦絵は、画面の中央に箱館政府副《ふく》総裁《そうさい》の松平《まつだいら》太郎《たろう》の騎馬姿を置き、大攻勢に出た箱館政府軍が、頭にシャグマ（ヤクの毛）を付けた新政府軍を圧倒している様子を描いている。このことから、箱館政府側の視点で描かれていることはたしかである。

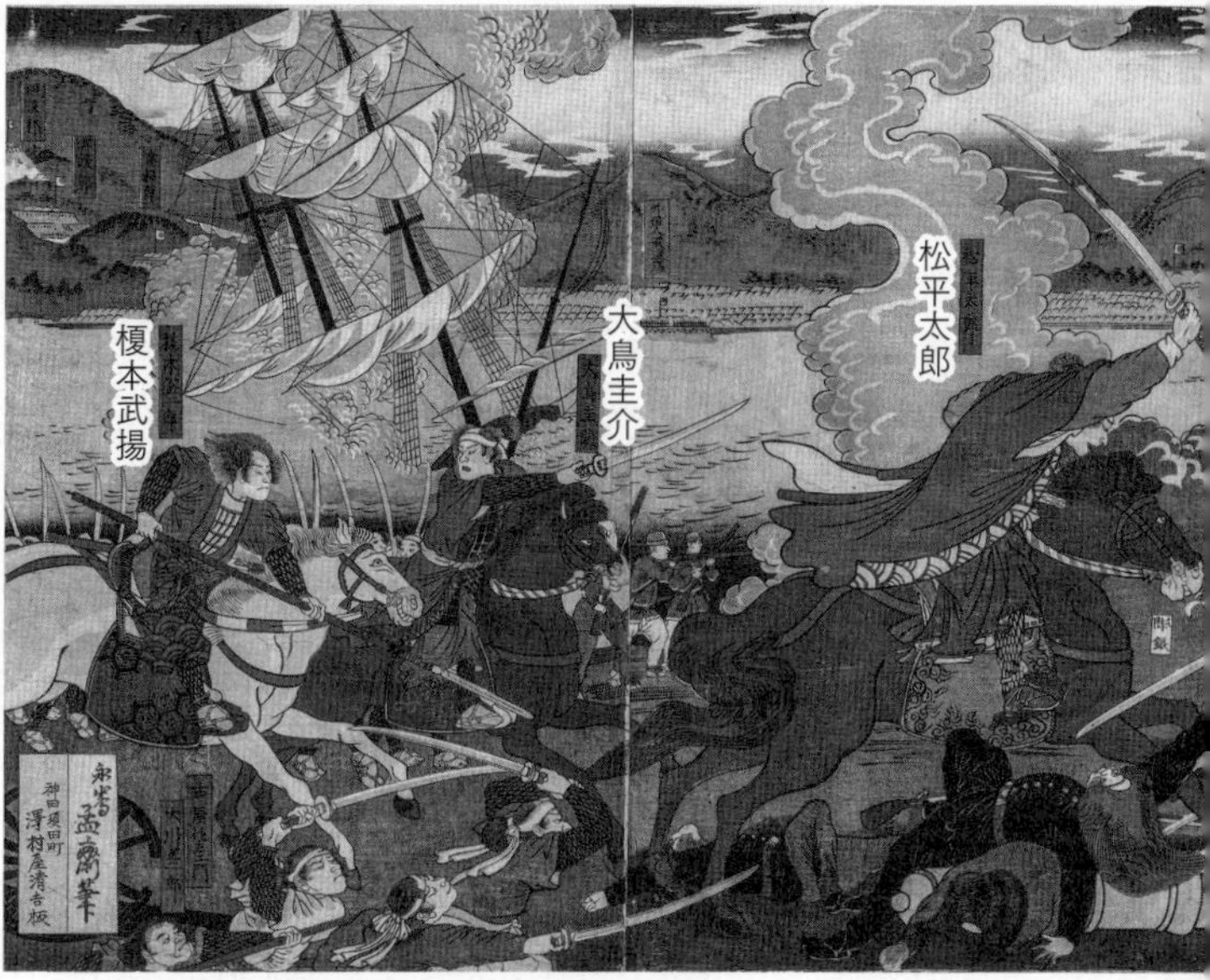

永島孟斎《ながしまもうさい》（歌川芳虎《うたがわよしとら》）筆「箱館大戦争之図」

この絵の右端には、新政府軍を相手に白刃を振りかざす、「土方歳蔵《ひじかたとしぞう》」の姿がある。これが新選組副長であった、土方歳三であることはいうまでもない。

この錦絵の画面左奥に描かれている沈みかけた軍艦は、おそらく新政府軍側の朝陽《あさひ》であろう。明治2年（1869）5月11日は、箱館湾で海戦も行われたが、ここで朝陽は旧幕府軍の軍艦蟠龍《ばんりゅう》の砲撃を受け撃沈された。朝陽は火薬庫が爆発し、轟音とともに火炎が舞い上がったため、箱館政府軍の士気が大いに上がったという。

この時、土方は一本木関門《いっぽんぎかんもん》にいて、朝陽が大爆発を起こすと好機とばかりに、部下に突撃を命じたと伝わる。そして土方自身は一本木関門にとどまり、「退く者は斬らん」と叫んだという。

土方は圧倒的に不利な戦況下でも、まったく闘志が衰えなかったようである。だが、この日に敵の銃弾を受け、戦死を遂げる。五稜郭《ごりょうかく》の旧幕府軍が降伏したのは、その1週間後の5月18日であった。

（勝見知世）

第3章

「池田屋」の勇名

壬生新選組屯所前庭
（京都大学附属図書館所蔵『京都維新史蹟写真帖』所収）

第8節　池田屋事件と新選組

浪人集団ならではの機動力を発揮

元治《げんじ》元年（1864）6月5日に起きた「池田屋《いけだや》事件」は、新選組《しんせんぐみ》の数多い武勇伝のなかでも、白眉《はくび》（最も優れたもの）として著名である。近藤勇《こんどういさみ》が「元治元年6月8日付近藤周斉《しゅうさい》他宛《あて》」に書いた手紙には、次のようなことが書かれている。

14代将軍徳川家茂《しょうぐんとくがわいえもち》が江戸に帰ってしまったので心配していたところ、長州《ちょうしゅう》藩士や浪士《ろうし》たちが密かに上洛し、京都に放火して天皇を長州本国に奪い去る計画を立てているという噂《うわさ》があった。6月5日の早朝に怪しい人物（古高俊太郎《ふるたかしゅんたろう》）を捕らえてみると、大量の武器と「機会を失わざるよう」と書いた怪文書が出てきた。そこで新選組は二手にわかれて探索し、自分の隊が池田屋に突入し、7人を打ち取り、4人に傷を負わせ、23人を召し捕った。

池田屋事件はあまりにも有名でありながら、近藤の残した記録も含めて異説が多く、細かな事実を確定するには至っていない。そこで、ここで池田屋事件の顛末《てんまつ》を、史実に基づいて追ってみたい。

まず、池田屋事件が起こったことで長州藩が激高し、この事件の翌月の元治元年7月19日に大軍を上洛させた長州藩が、「禁門《きんもん》の変」を起こしたという話をよく聞く。しかし、長州藩が率兵《そっぺい》上洛を決断したのは、池田屋事件が起きる前日の6月4日であり、この説明は誤りである。

ただ、率兵上洛は単純に軍事衝突に結びつくものではない。軍隊で圧力をかけて交渉を有利に進めようという発想は、幕末では普通にみられた。文久《ぶんきゅう》2年（1862）の薩摩《さつま》藩の島津久光《しまづひさみつ》の上洛もしかりである。

長州藩でも、軍隊による圧力を背景にしつつも、話し合いによる決着の可能性は捨ててはいなかった。しかし、池田屋事件が起こったことで、その可能性が低くなったとはいえるかもしれない。

一方、新選組に目を転じてみると、じつに有効に機能している。会津《あいづ》藩の京都詰家老《つめがろう》が書いた6月7日付の手紙によれば、古高俊太郎を以前から怪しいとマークしていたのは新選組で、そのほかの長州人の潜伏先も、新選組によって、だいたい判明していたとしている。

文久3年（1863）の「八月十八日の政変」以降、長州人は非合法的にしか京都には入れなかったので、その潜伏先を突き止めるのは容易ではなかったと思うのだが、新選組の探索能力は非常に高かったのである。

この当時、近藤が江戸に帰ろうとすると、会津藩は、たとえそれが近藤の養父のお見舞いであっても引き留めているが、そのはずである。新選組は、松平容保《まつだいらかたもり》が京都守護職《きょうとしゅごしょく》の職務をこなす上で、なくてはならぬ存在になっていたのである。

なお、会津藩や桑名《くわな》藩、一橋《ひとつばし》家の出動が遅れ、新選組が独走に近い形で浪士たちと戦闘状態に入ったことは、よく知られている。これらの藩が、長州藩と軍事衝突になるかもしれない出動に、躊躇《ちゅうちょ》したことは事実である。

ただ、会津藩に関しては、次のような遅刻理由もあった。それは出陣する藩士たちが、藩主松平容保への御目見《おめみえ》（謁見）を願ったということである。

会津藩では、池田屋事件の前年に起きた文久3年の浪士召し捕らえの時、捕方《とりかた》に任命された者が、藩主に御目見したという前例があった。ところが、池田屋事件の時は、容保は折悪しく病中であったため、円滑には御目見得ができなかったようなのである。

江戸時代の武士の意識としては、命を賭けた出動に際しては、主君のお言葉を給《たま》わった上で行きたいという気持ちは自然であろう。ましてや会津藩では、前年にその先例があるのなら、なおさらである。

しかし、このような武士意識が、武士たちから機動力を奪ったということも事実である。そのように考えると、新選組は浪人集団であるがゆえに、機動力を発揮できたといえる。

近藤勇、「幕臣」への誘いを断る

近藤は池田屋事件の後、与力上席《よりきじょうせき》で幕臣《ばくしん》にならないかと誘われたが断っている。それ以前の文久3年10月には、やはり幕府お抱えの浪士集団の組織である「新徴組《しんちょうぐみ》」と同じ条件(伊賀者次席《いがものじせき》)で、幕臣にならないかと誘われているが、断っている。ちなみに伊賀者次席とは、与力よりさらに身分の低い同心クラスである。

近藤は武士志向が強いといわれるが、じつは幕臣への誘いを二度も断っているのである。近藤は故郷の武州多摩《ぶしゅうたま》で、自分よりも格上とされた八王子千人同心《はちおうじせんにんどうしん》の増田蔵六《ますだぞうろく》を超えたいという大志を持って、上洛を果たしたことは先に述べた。だとすれば、千人同心と身分的にはたいして変わらない、足軽《あしがる》同心クラスで幕臣になることなど、考えにも及ばなかったのかもしれない。

それよりも、この時期の近藤は、浪人集団である新選組の特性を生かして、京都で新選組の名声をさらに高めようと、決意を新たにしていたのではないかと思われる。

新選組が浪士摘発に乗り出した理由は、浪士たちが京都に放火し、天皇を奪い去ることを目論《もくろ》んだからとされる。だが、これは一会桑《いっかいそう》権力が、後から付け加えたものというのが通説である。古高は尹宮《いんのみや》（後の久邇宮朝彦親王《くにのみやあさひこしんのう》）宅放火計画は自白したようであるが、これにさらに情報を盛って、浪士弾圧を正当化しようとしたというのだ。

しかし、そう考えると、本章の冒頭に掲げた近藤の手紙の説明がつかない。近藤は浪士たちが京都を火の海にすると、本気で信じているのである。このことを理解する上では、当時の京都の苛烈《かれつ》な状況を理解する必要がある。

江戸《えど》時代の凶悪犯罪といえば、殺人と放火だが、文久2年の後半以降、この異常な犯罪は京都では日常的に起こっている。安政5年～6年（1858～59）に行われた安政の大獄で、この弾圧に与《くみ》した人物がのちに何人も処刑され、河原にさらされるといった「天誅《てんちゅう》」が多発したのだ。

天誅は、池田屋事件の頃には下火になってはいたが、暗殺が根絶されたわけではない。

また、放火も、大和屋庄兵衛《やまとやしょうべえ》焼き討ち事件（文久3年8月）は芹沢鴨《せりざわかも》が犯人かは措《お》くとしても、事件自体は実際に起きた。

さらに、「おまえの屋敷に火をつけてやる」といった文言を記した貼紙が、町中に貼られるといったこともよくあった。松平容保も、越前福井《えちぜんふくい》藩主の松平春嶽《しゅんがく》も、薩摩《さつま》藩主の島《しま》津久光《づひさみつ》ですら、名指しで放火を予告されているのだ。

このような異常な政治・社会空間のなか、古高のような怪しい人物が捕縛され、放火計画を一部でも認めたら、「噂《うわさ》は本当だったんだ」と認識するのが自然ではないだろうか。そして何よりも、京都放火→天皇強奪というシナリオが実現すれば、帝都（京都）防衛を至上命題にする一会桑権力と新選組は崩壊する。その意識が近藤の脳裏にはあったのであろう。

池田屋事件の褒賞

元治元年（1864）6月5日の池田屋《いけだや》事件は、いうまでもなく大事件であった。会津《あいづ》藩では、池田屋事件以前から、新選組《しんせんぐみ》に対する評価は高かった。たとえば、元治元年4月26日に京都《きょうと》見廻組《みまわりぐみ》が新設された時、彼らを統括する江戸《えど》幕府《ばくふ》旗本《はたもと》の松平康正《まつだいらやすまさ》は、新選組について会津藩に問い合わせている。この時、康正は、できれば新選組を召し抱えたいと伝えている。

京都見廻組は、幕府御家人《ごけにん》の子弟のみで構成された集団という印象があるが、実際には、「御譜代《ごふだい》」の者を選抜する方針ではあったが、「格別見込《かくべつみこみ》」ある者を召し抱えることは否定されていない。浪人集団である新選組を召し抱えても、問題はなかったのである。

会津藩士上田一学《うえだいちがく》は、新選組の面々は「見式《けんしき》」（見識）もあり、「頗《すこぶ》ル志《こころざし》」（とても志が高い）と評価しており、康正が予定している同心《どうしん》身分で禄高ひとり70人扶持《ぶち》では、とても受け入れないのではないかと書いている。実際、新選組が康正に召し抱えられることはなかった。

ちなみに70人扶持とは、玄米を1日3斗5升支給されるという意味で、いわば日給である。この事例から、池田屋事件以前の新選組の評価は、新選組の周辺にいた会津藩などでは高かったものの、それ以外のところでは、存在自体もあまり知られていなかったことがわかる。

池田屋事件の直後、山城《やましろ》国（京都府）淀《よど》藩主である老中《ろうじゅう》稲葉《いなば》正邦《まさくに》は、事件で活躍した会津藩士や、京都所司代《きょうとしょしだい》であった桑名《くわな》藩家臣、そして新選組の面々への褒賞《ほうしょう》を幕府に申請した。それに対する老中たちの返書が残されている（多門櫓文書14715）。

江戸にいる老中たちは、池田屋事件における具体的な活躍の詳細がわからないので、ひとり5両程度の目算で考えればいいだろうと考えた。そして、京都にいる稲葉の都合がいいように、取り計らってもらいたいとした。

新選組では、近藤勇《こんどういさみ》に金10両、別段《べつだん》20両の合計30両。土方歳三《ひじかたとしぞう》に金10両、別段13両の合計23両。沖田総司《おきたそうじ》以下6人に金10両、別段10両の合計20両。井上源三郎《いのうえげんざぶろう》以下11人に金10両、別段7両の計17両。松原忠司《まつばらちゅうじ》以下12名に金10両、別段5両の計15両。姓名不詳の3人に金10両、別段10両の合計20両が与えられた。

姓名不詳の3人は、この事件で死亡した者（奥沢栄助《おくざわえいすけ》・安藤早太郎《あんどうさたろう》・新田革左衛門《にったかわざえもん》）といわれている。新選組の隊士で、褒賞を受け取った総人数は34名である。ここには山南敬《やまなみけい》助《すけ》や山崎烝《やまざきすすむ》などの名前が見えないから、実際の隊士はもう少し人数が多かったと思われる。

この新選組の褒賞のあり方を見てみると、老中が提案したひとりにつき一定額を与えるという方式が、踏襲されていることがわかる。老中案では、ひとり5両であったが、新選組の場合は10両である。

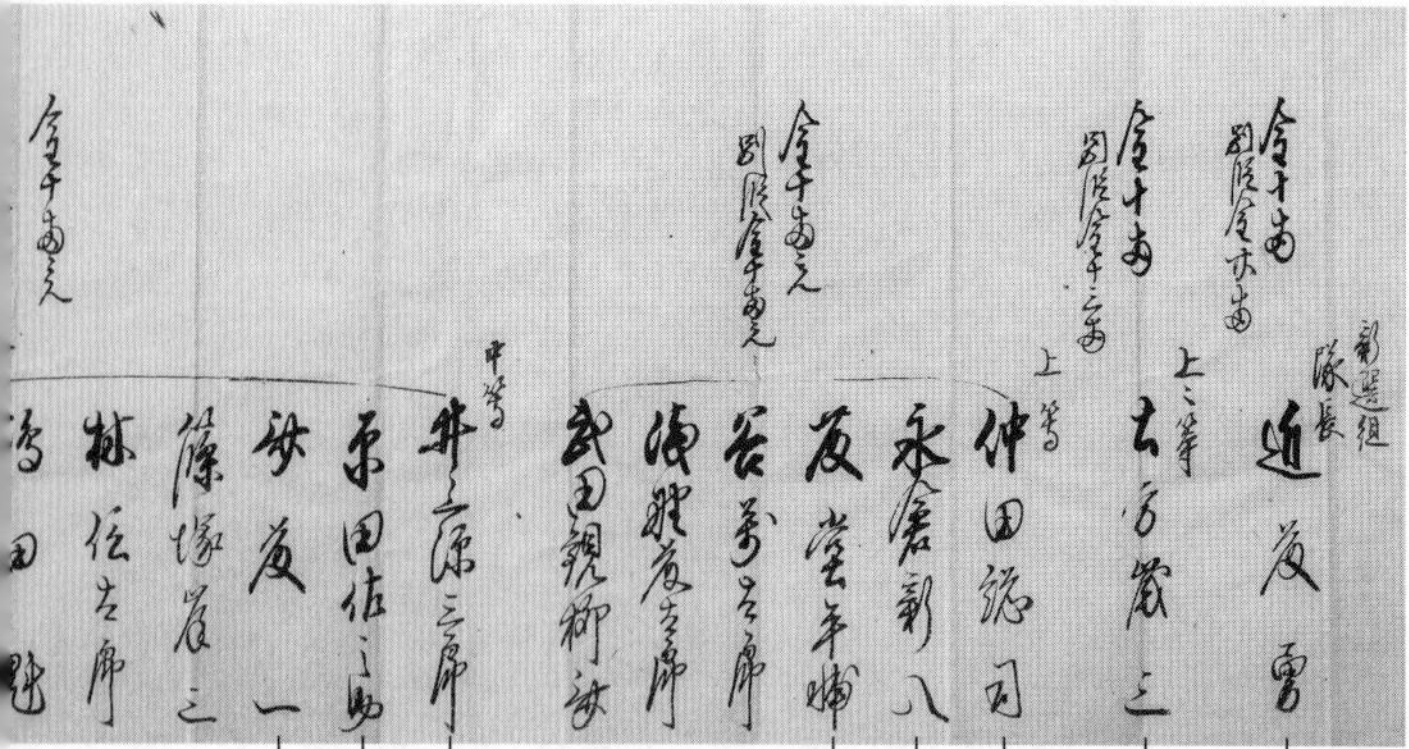

やはり池田屋事件の主役である新選組は、格別に評価されたということではないだろうか。

新選組に与えられた金額の総額は、ピッタリ600両である。とすれば新選組への褒賞は、全体額がまず決められ、ひとりあたり10両を平等に割り振り、その余った分を功績に応じて、別段金《べつだんきん》としてさらに割り振ったということではないだろうか。そうすれば13両とか7両とか、別段金が不自然な端数になっていることの説明ができよう。

松平容保の「礼状」

幕府からの褒賞が決定した直後の元治元年8月6日、京都《きょうと》守護《しゅご》職《しょく》松平《まつだいら》容保《かたもり》は、幕府老中に宛ててお礼状を書いている（多門櫓文書22461）。

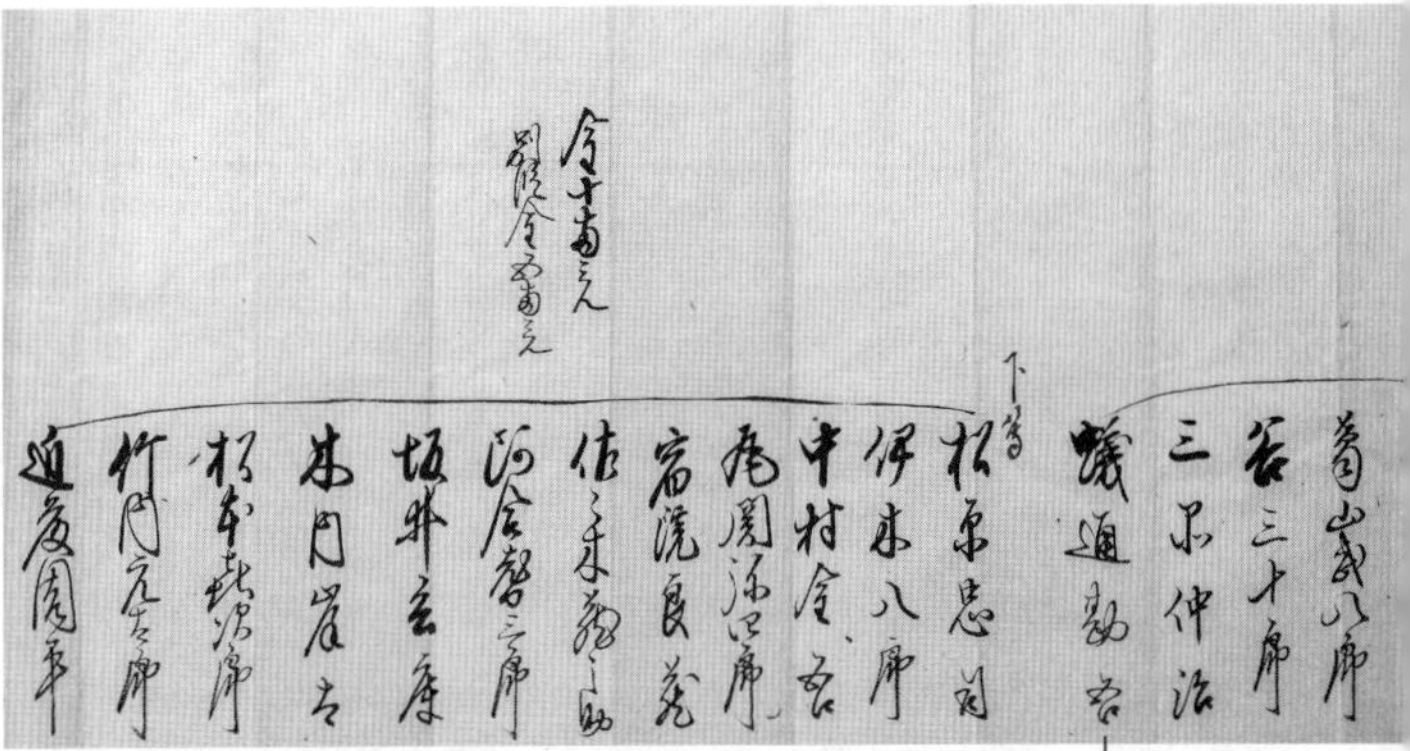

蟻通勘吾

新選組の「褒賞」（部分）（国立公文書館所蔵「多聞櫓文書14715」）
「新選組隊長」と朱書きされた近藤勇を筆頭に、総勢31名の隊士の名が連なる。近藤以外の隊士は、池田屋での活躍に応じて「上々等」「上等」「中等」「下等」にランク分けされ褒賞金を得ている。

その全文は、次の通りだ。

一筆致啓上候
公方様益御機嫌能被成御座奉恐悦候、然者六月六日浮浪之徒洛内江聚屯、不容易企有之候節、新撰組之者共召捕方抜群相働及沈静候段、常々申付方行届、兼々忠勇義烈之志厚
帝都御警衛手厚ニ心得、一際奮発相働候ニ付、新身料別段金子、夫々被下置、猶此上弥忠勤相励候様可申渡旨被
仰出難有仕合奉存候、右御礼為可申上、呈飛札候、
恐惶謹言
松平肥後守
八月六日　容保（花押）

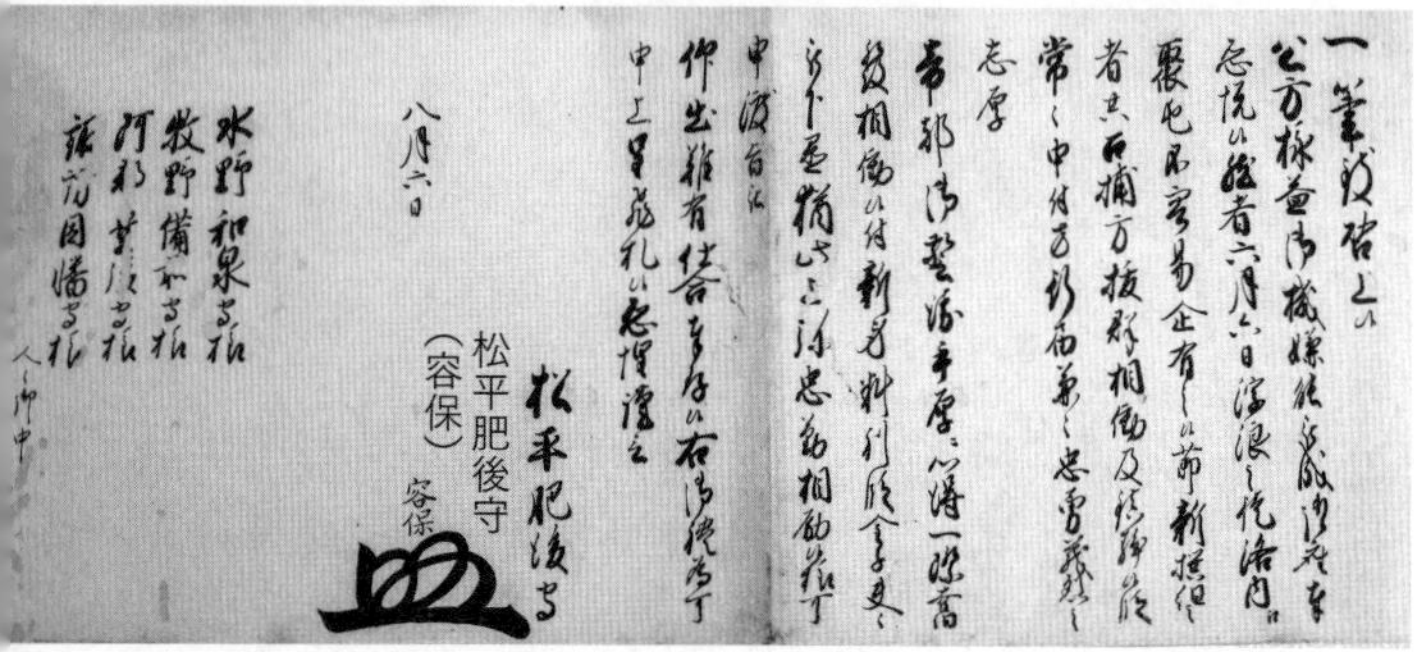

元治元年8月6日「松平容保礼状」（国立公文書館所蔵「多聞櫓文書22461」）
新選組を預かる京都守護職にして会津藩主の松平容保が、池田屋事件後に幕府から受けた褒美に対して送った礼状。容保は「松平肥後守容保」と署名をして花押を据えている。宛名の4人は水野和泉守《みずのいずみのかみ》（忠精《ただきよ》、出《で》羽山形《わやまがた》藩主）・牧野備前守《まきのびぜんのかみ》（忠恭《ただゆき》、越後長岡《えちごながおか》藩主）・阿部豊後守《あべぶんごのかみ》（正外《まさと》、陸奥白河《むつしらかわ》藩主）・諏訪因幡守《すわいなばのかみ》（忠誠《ただまさ》、信濃高島《しなのたかしま》藩主）で、いずれも老中《ろうじゅう》である。

水野和泉守様
牧野備前守様
阿部豊後守様
諏訪因幡守様
人々御中

この史料の大意をまとめると、次のようなものとなろう。

6月6日に不逞浪士《ふていろうし》が京都の洛内《らくない》（市中）に集まり、容易ならざることを企てた。そこで新選組の者たちが彼らを召し捕った。その働きは抜群であり、浪士たちは鎮圧された。新選組は常々指示が行き届いており、忠勇義烈の心が厚い。「帝都御警衛」、つまり京都防衛を大切に心得て、一層発奮するように、新身料《あらみりょう》（刀代）と別段金をそれぞれ与えるので、いよいよ忠勤をはげむようにと老中から申し渡されたことは、ありがたき幸せに存じます。

容保は老中たちに、このように伝えているのである。

この容保の礼状を見ても、新選組が容保に高く評価されていることが判明する。そして老中ならびに会津藩は、新選組に対して、帝都防衛に一層励んでほしいと期待している。

この帝都防衛こそが、京都守護職の権力維持のために譲れない一線であったのである。近藤はこのことをよく自覚し、「申付方行届」、すなわち指示が徹底される組織を作ったのである。

池田屋事件の褒賞経緯を見ると、会津藩において彼らの評価がとても高かったこと、それからこの事件を契機にして、老中などの間でも、新選組の評価が高まっていったことが窺《うかが》えるのである。

第9節　関西出身の新選組隊士「山崎烝」

山崎烝の人的・情報ネットワーク

新選組《しんせんぐみ》に参加した隊士の延べ人数は、726人を数えるという。慶応《けいおう》4年（1868）の鳥羽《とば》・伏見《ふしみ》の戦いに敗れた新選組が江戸《えど》に帰る以前の隊士で、出身地が判明している者は、東国は130人、西国は97人である。新選組というと、東国出身者が多い気がするが、意外なほど西国出身者もいたわけである。

そのなかで、山崎烝《やまざきすすむ》は、関西出身の新選組隊士の代表的な存在であろう。山崎は、新選組が屯所《とんしょ》を置いた壬生《みぶ》村に居住していた医師林五郎右衛門《はやしごろうえもん》の子といわれている。新選組への入隊は、文久《ぶんきゅう》3年（1863）暮れ頃だとされる。京都出身で、京都市中に土地勘もあり、頭脳も明晰で近藤勇《こんどういさみ》にも愛されていたという。ここでは、そんな山崎が持っていた、人的・情報ネットワークについて触れてみたい。

近江国八日市宿《おうみのくにようかいちじゅく》の四郎左衛門《しろうざえもん》は、侠客《きょうかく》であったという。この人物は慶応3年

（1867）3月、田村佐弥太《たむらさやた》の仲介で会津藩《あいづ》に頼みごとをした。田村は現在の近江八幡《はちまん》市出身で、新選組に入隊後、江田小太郎《えだこたろう》と名乗ったといわれる。

会津藩は、四郎左衛門からの頼みごとを、新選組に任せたようである。その内容は、八日市村の茂左衛門《もざえもん》という人物が、四郎左衛門の博奕《ばくち》について江戸まで訴え出たので、なんとかこの訴訟の出願を潰《つぶ》してほしいというものであった。この当時の村では、賭場《とば》がよく立った。「飲む・打つ・買う」が、男の娯楽と考えられていた時代である。

新選組では、山崎と谷川誠一郎《たにかわせいいちろう》を出張させた。山崎の目的は出願を許可した村役人を脅して、訴え自体を引っ込ませることにあった。八日市村庄屋平井新兵衛《しょうやひらいしんべえ》は、「事《こと》に寄《よ》ったら、生首を持って帰ってもらうかもしれない」と不気味なことをいわれている。明かな脅迫である。

新兵衛は、羽織《はおり》のまま荒縄《あらなわ》で縛られ、梅《うめ》の木に吊された。拷問《ごうもん》を受けたわけである。そして山崎は、「3月29日に、出願に押印したのは間違いだった」という書類を、村役人に書かせている。

なぜ山崎は、このような手荒なことまでして、侠客の願いを叶《かな》えたのであろうか。ひとつには、この時期には京都町奉行《きょうとまちぶぎょう》といった従来からの行政機関が、機能しなくなってきていたということがあるかもしれない。

しかし、それよりも侠客が持っていた「ネットワーク」が注目される。京都に非合法的に潜入してくる長州《ちょうしゅう》系の志士たちを把握するためには、社会の「裏」のネットワークを握っているアウトローを把握するのが、最も合理的な方法だからだ。

次節で触れるように、近藤はわざわざ山崎を連れて、征長《せいちょう》軍（慶応2年〔1866〕の第二次長州征伐）の本営がある広島にまで行っている。これは、「表」の社会からアクセスしたのでは取れない情報を、収集するためだったのではないだろうか。

新選組「諜報活動」の中核を担う

山崎の情報収集の対象は、侠客に止まらない。慶応元年（1865）5月の年次がある「取調日記」を見ると、山崎の情報網の広さがわかる。

山崎は次に並べる人物たちと、すべて直接交渉したわけではないだろうが、「取調日記」には幕府老中《ばくふろうじゅう》の阿部正外《あべまさと》や松平康英《まつだいらやすひで》、将軍側近の御側御用取次《おそばごようとりつぎ》である土岐朝昌《ときともまさ》と岡部長常《おかべながつね》の名がある。

また、大目付の大久保忠寛《おおくぼただひろ》、軍艦奉行《ぐんかんぶぎょう》の勝義邦《かつよしくに》（海舟《かいしゅう》）の名もあるが、このふたりは一《いっ》会桑《かいそう》権力（一橋家《ひとつばし》・会津藩《あいづ》・桑名藩《くわな》）とは一線を画す、幕府尊皇攘夷派《そんのうじょうい》の人物である。

さらに、外国《がいこく》奉行の水野忠徳《みずのただのり》（癡雲《ちうん》）の名が挙がっているのが気になる。水野は幕府きっての開明《かいめい》派官僚だが、会津藩との仲は悪くなく、会津藩は幕府の動向を探る時には、よく水野を訪れている。

さらに「取調日記」には、諸藩士の人名も記されている。

一会桑権力と関係が深い熊本《くまもと》藩では、大坂の福地六郎衛門《ふくちろくろうえもん》、京都の永守伝次郎《ながもりでんじろう》、九州における譜代《ふだい》藩の中心である豊後中津《ぶんごなかつ》藩士では、佐竹太郎兵衛《さたけたろうべえ》の名がある。

それから、兵庫地付同心山内八郎左衛門《ひょうごじつきどうしんやまうちはちろうざえもん》といった下級役人や、祇園東新地《ぎおんひがししんち》のまつ春《はる》といった女性もしくは料亭の名もある。同心や玄人筋《くろうとすじ》には、特有の情報が集まるものであり、山崎はその点も抜かりがなかったのであろう。

慶応3年6月24日、近藤は建白書《けんぱくしょ》を摂政二条斉敬《せっしょうにじょうなりゆき》に提出する。この時、その取次《とりつぎ》である柳原前光《やなぎわらさきみつ》と正親町三条実愛《おおぎまちさんじょうさねなる》の屋敷に参上したのは、土方歳三《ひじかたとしぞう》、尾形俊太郎《おがたしゅんたろう》、吉村貫一郎《よしむらかんいちろう》と山崎であった。

柳原は妹が明治天皇《めいじてんのう》の側室《そくしつ》になり、大正《たいしょう》天皇の生母となった。また、正親町三条は、慶応3年10月14日の大政奉還《たいせいほうかん》の直前に出された「討幕《とうばく》の密勅《みっちょく》」にかかわったといわれる。こうした公卿《くぎょう》とも接触している山崎は、よほどその交渉能力を買われていたといえる。

山崎は、「性温厚にしてよく事《こと》に堪《た》ゆる」と、蘭方医《らんぽうい》の松本良順《まつもとりょうじゅん》にいわれた。また、良順から救急法を伝授され、「我《われ》（山崎のこと）は新撰組の医師なり」といっていたという。

松本は長崎で、オランダの医師ポンペから医術を伝授された本格的な蘭方医であり、近藤とも親交があった。松本は新選組に医療指導に来たこともあり、その教授を受けた山崎は、粘り強い性格だったことがわかる。まさに諜報活動には、うってつけの人物といえる。

山崎は、慶応4年の鳥羽《とば》・伏見《ふしみ》の戦いに参加し、ここで重傷を負った。その死は、江戸に帰る途中の船のなかで、水葬にされたという。山崎の年齢ははっきりしないが、34～35歳くらいだとされる。

新選組は武闘集団のように思われているが、諜報機関としても相当優秀であった。そのなかで山崎は京都出身という強みを生かして、諜報活動の中核を担っていたといえよう。

第10節　新選組の情報収集活動

第二次長州征討と新選組

慶応《けいおう》元年（1865）9月、14代将軍徳川家茂《しょうぐんとくがわいえもち》は、朝廷から長州征討《ちょうしゅうせいとう》の勅命《ちょくめい》を受けた。

このため政局は、長州征討に向けて動き出す。

同年10月に幕府は長州藩への訊問使《じんもんし》として、大目付永井尚志《おおめつけながいなおゆき》を派遣した。新選組《しんせんぐみ》では、近藤勇《こんどういさみ》をはじめとして、武田観柳斎《たけだかんりゅうさい》、伊東甲子太郎《いとうかしたろう》、尾形俊太郎《おがたしゅんたろう》、山崎烝《やまざきすすむ》、吉村貫一郎《よしむらかんいちろう》、芦屋昇《あしやのぼる》、服部武雄《はっとりたけお》、新井忠雄《あらいただお》が永井に随行して京都を出発した。

近藤は永井の給人《きゅうにん》として、「内蔵助《くらのすけ》」と変名を用いて同行した。また、武田は近習《きんじゅう》、伊東は中小姓《ちゅうこしょう》、尾形は徒士《かち》として、いずれも永井の家臣の名目で、長州藩との交渉が行われる安芸《あき》国（広島県）に入った。

給人とは、江戸時代においては領地を持った家臣を指すので、上級家臣を意味している。近習は側近であり、主君の身の回りの世話をする中小姓は、御目見《おめみえ》以上の役職である。

しかし、徒士は御目見以下の下級武士である。山崎以下の4人は、公式な随員というわけではなく、同行して非公式に情報収集活動を担当したのだろう。

このメンバーで注目なのは、新選組の知識人層が入っていることである。伊東は元治《げんじ》元年（1864）9月頃、江戸《えど》で近藤から入隊を勧められて加入した人物で、詠草集《えいそうしゅう》（和歌《わか》などをまとめたもの）も残されており、ひとかどの知識人だったことがわかる。また、武田と尾形も新選組の文学師範《ぶんがくしはん》であった。

新選組の情報収集対象は、長州藩の支藩《しはん》である岩国藩《いわくに》である。当然、岩国藩士らと直接会って、話をする局面も出てくるだろう。そんな時に相手側が非常に教養の高い人物を、折衝《せっしょう》の場に出してくることも想定された。

情報を取る場合は、相手の立場を認識しつつ、相手の話にもついていける知見も必要だし、合間の雑談等で相手が想定していないような機知のある言葉をぶつけて、反応を見る必要もある。それができるためには、教養が不可欠である。伊東や武田、尾形がメンバーに選ばれたのは、その資質があったからであろう。

「必勝之策」なし「御寛大之御処置」を

近藤は果敢にも長州藩域に入って、できれば長州の本拠の萩《はぎ》まで行って、命懸けで長州人と議論をしたかったようだが、長州藩や岩国藩に入国を要請するも叶わず、12月17日に帰京のため広島を発った。そして22日に京都に到着し、すぐに会津《あいづ》藩公用人《こうようにん》野村左兵衛《のむらさへえ》に入手した情報を提供している。

その内容をまとめると、次のようなものである。

1、幕府との交渉に長州藩家老《かろう》として出てきた人物は宍戸備後助《ししどびんごのすけ》で、宍戸は奇兵隊《きへいたい》の山県小助《やまがたこすけ》という者が、偽名を使って出てきたものである。

2、長州では高杉新《たかすぎしん》（晋）作《さく》という者が全権を握り、「必死之勢《ひっしのいきおい》を専《もっぱ》ら仕立《したて》」ている。つまり、高杉が士気を煽《あお》っている。

3、馬関《ばかん》（下関《しものせき》）に、薩摩《さつま》藩が蔵屋敷《くらやしき》を普請《ふしん》（建設）中。長州藩では、薩摩人に不敬がないように触れを出している。

4、幕府の旗本《はたもと》の士気は振るわず、土産《みやげ》を買って江戸に帰ることを願っている。

5、彦根《ひこね》藩・高田《たかだ》藩兵の勇気は衰微しており、とても戦える状態ではない。

6、長州藩は山口《やまぐち》に会議所《かいぎしょ》を設置し、「卓越成者《たくえつなるもの》を差出《さしだし》」、つまり、優秀な人材を抜擢《ばってき》して評議を行っている。

この報告書を一読しただけで、近藤勇の率いる新選組が、いかにインテリジェンスに富んだ優秀な情報収集機関であったかがわかる。ここで述べられていることを見ると、些細《ささい》な間違いはあるにしろ、ほぼ正確に長州藩の内情を把握している。

宍戸備後助は山県半蔵《はんぞう》（宍戸環《たまき》）のことだし、高杉晋作は長州藩政府の中心的人物である。高杉の「武備恭順論《ぶびきょうじゅんろん》」は、長州藩政に大きな影響を与えた。

いわゆる薩長同盟《さっちょうどうめい》が結ばれるのは、近藤たちが帰京した翌月の慶応2年（1866）1月21日だが、近藤にはすでに、薩長の接近が見えていたようである。

幕府の旗本の士気が振るわなかったのも、近藤の指摘の通りである。また、彦根藩井伊《いい》家と高田藩榊原《さかきばら》家は幕府にとって特別な家で、いわゆる徳川四天王《とくがわしてんのう》の家として、戦《いくさ》が起こった際は幕府軍の先鋒を勤める家とされている。

彦根藩は慶応元年11月21日、高田藩は11月26日に大坂《おおさか》城で出陣式を行っており、幕府軍のなかで両藩の戦闘力は大いに期待されていた。しかし近藤の目には、両藩は戦える状態とは映らなかった。

事実、慶応2年6月の第二次長州征討芸州口《げいしゅうぐち》の戦いにおいて、彦根・高田両藩は緒戦《ちょせん》で敗退している。しかも両藩の後退後に、この方面を担当した幕府歩兵隊《ほへいたい》および紀州《きしゅう》藩水野《みずの》隊は、長州藩諸隊と互角に渡り合っているのである。近藤の提言を理解して、最初から歩兵隊らを先鋒にしていれば、第二次長州征討の局面もまた変わったかもしれない。

そして近藤は最後に、長州藩の政治組織が刷新され、人材登用も成功していることに触れている。上洛以来、近藤にとって、長州藩は敵だったはずだが、情報分析における近藤の目は、とても冷静である。

このような正確な情報分析に基づいていたため、近藤の提言は、すこぶる現実的であった。近藤は、こちらから戦端を開いても「必勝之策《ひっしょうのさく》」はない。ゆえに「御寛大之御処置《ごかんだいのごしょち》」を提案して、それでも長州藩が聞かず、九州諸藩から「開戦はやむなし」との声が上がり、その理解が得られてから戦争に入るべきだとしている。

第二次長州征討の結果を知っている後世の我々からすれば、近藤の提案が至極《しごく》まともなものであったことは、容易に理解することができる。近藤の提言が採用されていれば、もしかしたら歴史が変わったかもしれない。

実際、会津藩でもそう思ったようで、一橋《ひとつばし》家・桑名《くわな》藩と近藤の提案について協議している。結局は一橋（徳川）慶喜《よしのぶ》が、「山口《やまぐち》城さえ見届けないうちに寛大な処置をしては、幕府の威光にかかわる」という意見を出し、近藤の提言は実行されることはなかった。

〈参考文献〉

第8節

「近藤勇の池田屋事件を伝える近藤周斉ら六名宛書状」（『武相自由民権史料集』第一巻）
「元治元年六月七日付江戸会津御用所宛京都御用所書状」（『会津藩庁記録』四、東京大学出版会、一九六九年）
「元治元年六月七日付横山主税他宛西郷文吾他書状（『会津藩庁記録』四）
原口清『幕末中央政局の動向』（岩田書院、二〇〇七年）
中村武生『池田屋事件の研究』（講談社現代新書、二〇一一年）
『新選組の人々と旧冨澤家』（多摩市教育委員会生涯学習振興課文化財係、二〇〇三年）
『続徳川実紀』四（吉川弘文館、一九三六年）六四三ページ

「元治元年五月一四日付横山主税他宛上田一学書状」（『会津藩庁記録』四）

第9節

『新選組・新徴組と日野』（日野市、二〇一〇年）一三頁
宮地正人「新選組の論じ方」（西脇康編『新選組の論じ方』、新選組フォーラム実行委員会、二〇〇九年）
伊東克司「水野弥太郎親分と新選組・赤報隊」（『新選組の論じ方』）
「平井氏所蔵文書」（『新選組京都の日々』、日野市、二〇〇七年）
「取調日記」（菊地明・伊東成郎編『新選組史料大全』KADOKAWA、二〇一四年）
松本順『蘭疇自伝』（『新選組史料大全』）
小寺玉晁「丁卯雑拾録」（『新選組史料大全』）
「山崎烝」（古賀茂作・鈴木亨編著『新選組全隊士録』（講談社、二〇〇三年）

第10節

宮地正人『歴史のなかの新選組』（岩波書店、二〇〇四年）
「大日本維新史料稿本」慶応元年一二月二三日条（東京大学史料編纂所データベース）
熊澤徹「幕府軍制改革の展開と挫折」家近良樹編（『幕政改革』、吉川弘文館、二〇〇一年）

コラム　錦絵に描かれた「新選組」③

『箱館《はこだて》五凌閣《ごりょうかく》之《の》降伏《こうふく》』を読み解く

土方歳三と西郷隆盛が1枚の絵に収まった異色作

箱館戦争に敗れた旧幕府軍の降伏時の様子を描いた錦絵がある。明治10年（1877）刊の『箱館《はこだて》五凌閣《ごりょうかく》之《の》降伏《こうふく》』である。

この作品は、新政府に降伏した箱館政府軍の様子を描いているのだが、登場人物が異彩を放っている。まず、画面の中央に描かれているのは、西郷隆《さいごうたか》盛《もり》と別府新助《べっぷしんすけ》である。このふたりは箱館戦争に参戦していないうえに、蝦夷《えぞ》地《ち》に赴いてさえいない。五稜郭《ごりょうかく》開城に

早川徳之助《はやかわとくのすけ》筆「箱館五凌閣之降伏」（函館市中央図書館所蔵）

［部分拡大］
白黒だとわかりにくいが、名札横に胴体のみ描かれた人物が土方か？

最も功績があったのは、薩摩《さつま》藩の黒田《くろだ》清隆《きよたか》だが、なぜか西郷と別府が、新政府軍の代表として描かれているのである。

一方、箱館政府の代表は、総裁《そうさい》の榎《えの》本《もと》武揚《たけあき》である。その隣には、箱館政府陸軍《りくぐん》奉行《ぶぎょう》大鳥圭介《おおとりけいすけ》、さらに後ろには、副総裁《ふくそうさい》の松平太郎《まつだいらたろう》、海軍奉行《かいぐんぶぎょう》の荒井郁之助《あらいいくのすけ》の姿がある。

興味深いのは、旧幕府軍のメンバーのなかに、春日左衛門《かすがさえもん》と土方年三《ひじかたとしぞう》（歳三）が描かれていることである。

春日は元彰義隊士《しょうぎたいし》で、慶応《けいおう》4年（1868）5月15日の上野戦争《うえのせんそう》後に各地を転戦し、榎本艦隊とともに蝦夷地に渡った。そして、明治2年（1869）5月11日の戦いで負傷し、その翌日に自殺している。

一方、土方の姿は、鮮明には描かれていない。土方は5月11日の戦いで戦死しており、そもそも戦死した土方と春日が、降伏の場面にいるはずがないのである。

じつは、この錦絵が出された明治10年は、西南《せいなん》戦争に敗れた西郷軍が全滅した年である。この年、西郷と別府は、ともに鹿児島《かごしま》で戦死しているのだ。

くしくもこの錦絵は、箱館戦争で散った土方・春日と、西南戦争で散った西郷・別府が、あたかもサムライの時代の終焉《しゅうえん》を告げるかのように、同じフレームのなかに収まっているのである。

第4章

戊辰戦争と新選組の最期

鳥羽街道
（東京大学史料編纂所所蔵『京都に於ける維新史蹟』所収）

第11節　新選組と「洋式調練」

月に12回も行われていた洋式調練

新選組《しんせんぐみ》を洋式軍隊という視点から幕末史に位置づけようとしたのは、大石学である。大石は新選組が洋式軍備化を志向し、鳥羽《とば》・伏見《ふしみ》の戦いでも小銃を装備していることなどを指摘した。

では、新選組の洋式調練は、いつから確認できるのか。

元治《げんじ》元年（1864）5月27日、禁裏守衛総督《きんりしゅえいそうとく》に就任したばかりの一橋《ひとつばし》（徳川《とくがわ》）慶喜《よしのぶ》は、洛中《らくちゅう》において洋式調練を行うことの許可を朝廷に申請している。つまり、これ以前に新選組が、洋式調練を行っていた可能性は低い。

新選組で洋式調練が確認されるのは、同年10月9日の土方歳三書状である。この書状には年月が記されていないが、元治元年と推定して間違いない。

この書状には、「一局一同炮術《いっきょくいちどうほうじゅつ》ちふれん《（調練）》不残《のこらず》西洋《せいよう》ツ\《（筒）》致候《いたしそうろう》」と、新選組が局を挙げて西洋筒（鉄砲）の調練に励んでいることが記されている。

土方は、「長門魁《ながとさきがけ》」（長州征討の先鋒《せんぽう》）も勤めたいと書いている。しかし、新選組の洋式調練が、それほど充実したものであったとは信じられない。これは、土方一流のジョークであろう。しかし、実際、調練が行われていなければ、ジョークとしてさえ成立しないので、この時期には洋式調練は開始されていたのであろう。

同年7月19日に起こった禁門《きんもん》の変に出動した新選組には、洋式調練の影響は感じられない。おそらく洋式調練は、禁門の変後に開始されたのであろう。

新選組は結成から慶応《けいおう》元年（１８６５）3月までの2年間、京都市中の壬生《みぶ》に屯所《とんしょ》を置いたが、ほど近くにある壬生寺《でら》には、新選組が洋式調練をしたことを示す史料が残されている。このため、壬生寺で新選組が洋式調練を行っていたことは事実であろう。

慶応元年3月、新選組を直接管轄する会津《あいづ》藩公用方《こうようかた》の手代木直右衛門《てしろぎなおえもん》は、新選組では「毎月一・六・三・八」の日に「大小銃《だいしょうじゅう》」の稽古《けいこ》をするので、「硝石《しょうせき》百斤《きん》、鉛《なまり》拾貫目《かんめ》つゝ《ずつ》」を毎月渡してほしいという「願《ねがい》」を提出している（多聞櫓文書２７４０８）。

ここから新選組の洋式調練は、この時点で月12回行われていたことが判明する。「大小銃」とは、幕末期はまだ銃と砲との区別が曖昧《あいまい》なため、このような表現が使用されたのである。会津藩でも「大銃頭《だいじゅうがしら》」という役職が存在したように、当時は珍しい表現ではない。「硝石」は火薬の原料で、「鉛」は銃弾の原料である。

手代木の願は、まず京都所司代《きょうとしょしだい》松平定敬《まつだいらさだあき》（桑名《くわな》藩主）に提出された。そして桑名藩はこの願書を、幕閣に提出している（多聞櫓文書27406）。

会津藩は、ゲベール銃（洋式銃）50挺を希望していたが、幕府には備えがないということで、五匁玉《ごもんめだま》銃30挺《ちょう》を与えられた。この五匁玉銃は、「和銃《わじゅう》」と考えられる。

「雷管式先込銃隊」としての新選組

先の史料では、新選組は「合薬《ごうやく》・鉛・雷管《らいかん》」も要求している。合薬は火薬だから、硝石を要求するより利便性があるのでわかるにしても、なぜ雷管が付け加えられたのであろう。

おそらく五匁玉銃は火縄《ひなわ》銃ではなく、雷管式に改造されたものだったのではないかと考えられる。火縄銃は雨天での使用に問題があったが、雷管式ならば、このような欠点は生じない。会津藩でも元治元年10月8日、火縄銃を「管打」（雷管式）に改造する計画を立てている。

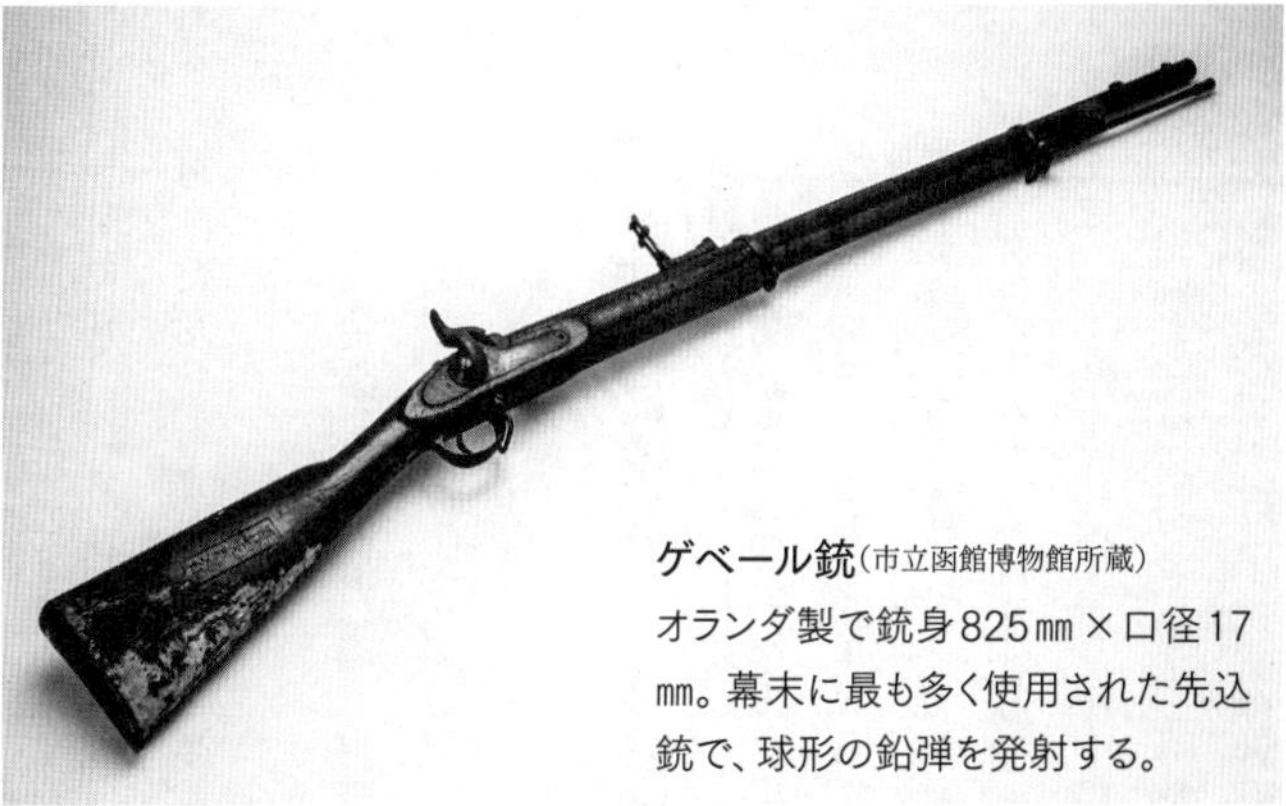

ゲベール銃（市立函館博物館所蔵）
オランダ製で銃身825㎜×口径17㎜。幕末に最も多く使用された先込銃で、球形の鉛弾を発射する。

なお、新選組が要求したこれらの物資は、幕府から支給されるにしても、江戸から返事が来るのを待っていたら時間がかかるので、武具奉行《ぶぐぶぎょう》に言って、要求の三分の一を事前に渡すようにすると桑名藩は会津藩に言っている。両藩の連携の良さがわかる。

それから2ヶ月後の慶応元年5月、会津藩公用方野村左《のむらさ》兵衛《へえ》は、また新選組の洋式調練に関する書類を提出している（多聞櫓文書27403）。

新選組はこの時、隊士を募集し、慶応元年4月に50人あまりの新入隊士を得たのである。そのため調練用の武器を増やす必要があった。

桑名藩は閏《うるう》5月21日に「合薬六拾弐貫五百目《もんめ》、鉛弐拾五貫目、火縄四百輪、雷管一万箇、具足《ぐそく》百三拾領・大銃《だいじゅう》五挺・ケヘール三拾挺」を幕府に要求している。

武具奉行は、「具足は不可。大銃は、車台を修復して引き渡すが、要求された数量をすべて引き渡せるかは不明。ゲベール銃は備えがないので不可。ただし、すでに引き渡している和銃が毀損《きそん》した場合は、修理や交換には応じる」としている。

また合薬・鉛・火縄・雷管は、規則に従って引き渡すが、江戸の許可が出るまでは、とりあえず3分の1を引き渡すとしている。

月15回に増加した洋式調練

近藤勇《こんどういさみ》が会津《あいづ》藩公用方《こうようかた》に提出した史料（「多聞櫓文書29866」巻頭口絵参照）が残されている。これをを見ると、新選組は「ケベール五匁《もんめ》二十五挺」「ケベール八匁十八挺」「和拾匁二十五挺」「大銃二挺」を、所持していることがわかる。

「ケベール」とは洋式銃で、先込《さきごめ》の滑腔《かっこう》銃（銃身内に螺旋《らせん》状の溝が切られていない銃で、ミエニー銃と比べると命中精度が悪い）である。ゲベール銃という呼び方が一般的である。

「和」とは、おそらく改造和銃のことであろう。近藤は、これらの訓練に応じた毎月「合薬《ごうやく》（火薬）百斤《きん》」「雷管《らいかん》五千個」を要求している。火縄《ひなわ》の要求はしていないので、改造和銃と判断できる。

なお、調練の日程は、隔日になっている。これは火薬を使用せず、行軍などを行う調練であろう。それが月15日程度行われたわけである。

そして「火入《ひいれ》」、すなわち火薬を使用した調練は、一・六・三・八の日。つまり、月12回行われた。洋式調練は月15日程度、そのうち火薬を使用する調練は12日ということであろう。調練内容は、慶応《けいおう》元年（1865）時より充実したと評価できよう。

この文書は、幕府勘定奉行《かんじょうぶぎょう》小栗政寧《おぐりまさやす》に廻《まわ》された。新選組の経費は、幕府負担なのである。

この文書の日付は3月29日だが、年を欠いている。小栗は慶応元年10月16日に勘定奉行に就任し、慶応4年（1868）正月28日に罷免《ひめん》されている。このことから、この史料の作成年は、慶応2年（1866）か同3年（1867）と考えられる。

以上をまとめると、新選組は、元治元年（1864）7月の禁門《きんもん》の変以降に洋式調練を始めたと考えられる。新選組の主力兵器は雷管式和銃であったと思われ、新隊士が増加した慶応元年3月~5月にかけて、洋式調練の拡大に乗り出している。

この時期には、新選組の姉妹団体ともいうべき江戸の新徴組《しんちょうぐみ》でも、砲術稽古《ほうじゅつけいこ》が行われた。この時期の幕府には、長州征討《ちょうしゅうせいとう》に備えて銃兵の絶対数が不足しているという問題があった。

また、新選組に即していえば、幕府と会津藩の関係が改善されたという点も見逃せない。元治元年〜2年にかけて、幕府は畿内で地盤を固めつつあった一会桑権力《いっかいそう》（一橋家《ひとつばし》・会津《あいづ》藩・桑名藩《くわな》）を警戒し、会津藩には約束した手当《てあて》さえ支給しなかった。

新選組が洋式調練に関する希望を出した慶応元年3月は、そのような対立が解消されはじめた時期なのである。慶応2年〜3年頃になると、新選組はさらなる調練の拡充を希望するようになる。この時期はゲベール銃を50挺《ちょう》程度装備していた。

新選組の「幕臣化」と分裂

そして慶応3年6月には、新選組の幕臣化《ばくしん》が行われる。このことを考える上では、一会桑権力の崩壊現象を理解しなくてはならない。

家近良樹によれば、会津藩と一橋（徳川）慶喜《よしのぶ》は、第二次長州征討の決着の付け方をめぐって対立し、慶応2年12月5日に慶喜が15代将軍になっても、その事態は変わらなかった。

会津藩主松平容保《まつだいらかたもり》は、新将軍就任が決定的な一橋慶喜への不信を背景に、慶応2年10月

17日に京都守護職《きょうとしゅごしょく》の辞職を申請した。結局、これは認められなかったが、これ以降、会津藩からは積極的に帝都（京都）防衛の主体たらんとする意識が弱まっていく。近藤がそのことを理解しないはずはない。

新選組は浪士《ろうし》集団から出発し、当初は近藤も「惣代《そうだい》」としてリーダーシップを発揮した。新選組という組織は、浪士集団こそアイデンティティーであり、本来、幕臣化はそぐわなかった。

しかし会津藩の態度をみれば、その先行きに不安を感じてもおかしくないだろう。そこで近藤は、幕臣という確かな地位を確保したほうが、今後の新選組の活動に資すると判断したのではないだろうか。

近藤と新選組は、帝都（京都）防衛戦争が起こった時に、いかに活躍できるかにこそ、存在意義があったといえるだろう。新選組にとって、市中警備は本来の活動ではない。対外戦争も含めた軍事的衝突が京都で起こった時に、刀や鑓《やり》しか使えない部隊が、頭数だけいたのでは意味がない。

だが、洋式装備をそろえるには金がかかり、新選組も潤沢《じゅんたく》な資金があるわけではなかった。そこで幕臣になったら洋式銃の購入などが、もっと円滑に運ぶと考えたのではないか。

当時の幕府は、第二次長州征討《ちょうしゅうせいとう》の敗戦を戦訓にして、軍制改革に熱心であった。狙いは幕府全軍の銃隊化であり、旗本の知行地を半分にしてでも、これを貫徹する方針であった。近藤が期待をかけてもおかしくはない。

しかし、近藤が幕臣化に舵《かじ》を切ったことは、大きな犠牲を生んだ。隊士佐野七五三之助《さのしめのすけ》ら10名が、幕臣化に反対して脱走したのである。佐野など4名は、切腹して果てている。

さらに、近藤が勧誘して元治元年10月に入隊させた伊東甲子太郎《いとうかしたろう》とその一派は、新選組から分離していく。この理由は、伊東らが洋式調練に不服だったからだという説もある。

ただ、伊東とともに新選組から分派した藤堂平助《とうどうへいすけ》は、幕府代官江川太郎左衛門《だいかんえがわたろうざえもん》に入門し、砲術を習ったことが指摘されており、伊東グループが洋式調練をどう思っていたかについては、不明な点が多い。伊東グループは、慶応3年10月14日、いわゆる油小路《あぶらのこうじ》の決闘《けっとう》で壊滅する。

いずれにしても新選組は、元治元年以来、幕府の費用負担のもとで着実に洋式調練を積み重ねていった。そのおかげで新選組は、鳥羽・伏見の戦いにおいて、洋式銃を実戦に用いて新政府軍を相手に戦うことができたのである。

第12節　アウトローと赤報隊

博徒水野弥太郎と新選組

本書では、新選組《しんせんぐみ》を優れた情報機関として位置づけている。ただ、情報のレベルはさまざまで、江戸時代に社会的上位にあった武士《ぶし》階級ばかりでなく、庶民レベルの情報まで収集する必要があった。

特に、新選組が情報収集の対象とした長州《ちょうしゅう》藩士や長州系浪士《ろうし》は、非合法的に活動しているわけであるから、当然「裏」社会の情報に熟知していなければ任務を全うすることは難しい。先に山崎烝《やまざきすすむ》を中心に、新選組とアウトローとの関係を指摘したが、本節では水野弥《みずのや》太郎《たろう》に注目したい。

水野は現在の岐阜《ぎふ》市矢島《やじま》町に、文化《ぶんか》2年（1805）に生まれた。水野は少年の頃、大《おお》垣《がき》（岐阜県）に出て剣術を学んだという。

やがて水野は博徒《ばくと》として頭角を現《あらわ》し、美濃《みの》地方を代表する親分になる。文久《ぶんきゅう》3年

（1863）には美濃郡代《ぐんだい》岩田《いわた》鍬三郎《くわたろう》の依頼を受けて、岩田のいる笠松陣屋《かさまつじんや》の警護を子分130人余にさせているので、その威勢がわかる。

この弥太郎は、新選組と関係があった。岐阜矢島町の町役人に「家内の者に秘密で水野弥太郎へ手紙を渡してくれ」という新選組調役《しらべやく》からの通達が残されている。

この史料は年次不詳で、肝心の弥太郎への手紙も残されていないため、詳細はわからないが、新選組が職務遂行上、アウトローと交流を持っていたことを伝えている。

その交流が活《い》かされたと思われるのが、上田末治《うえだすえじ》・松浦多門《まつうらたもん》脱走事件である。上田は盛《もり》岡《おか》藩脱藩、松浦は庄内《しょうない》藩脱藩で、慶応《けいおう》元年（1865）4月に江戸で入隊している。ふたりは脱走後に、名古屋《なごや》付近で「金策《きんさく》」を行っていたという。

上田・松浦の行為は新選組としては放ってはおけず、慶応元年8月に島田魁《しまだかい》など11名を加納《かのう》宿（岐阜《ぎふ》市）に派遣した。その取調《とりしらべ》はすさまじく、上田・松浦と接点があったと考えられた池田ノ五右衛門《いけだのごえもん》と衆五郎《しゅうごろう》は拷問を受け、衆五郎は落命してしまった。

池田ノ五右衛門は「顔役《かおやく》」、衆五郎は「博奕師《とばくし》」とあるので、アウトローである。とすれば、池田というのは苗字というより、地名であろう。興味深いのは、五右衛門を介抱したのは「岐阜弥太郎」つまり水野弥太郎であった。ここでも弥太郎と新選組との関係を確認することができる。

しかし、新選組のなかで弥太郎ともっとも関係が深かったのは、分派した伊東甲子太郎《いとうかしたろう》グループ、いわゆる高台寺党《こうだいじとう》であった。慶応3年（1867）11月8日の油小路《あぶらのこうじ》の決闘《けっとう》の後、高台寺党の生き残りは薩摩《さつま》藩邸に匿《かくま》われたが、翌慶応4年（1868）正月に戊辰《ぼしん》戦争《そう》が始まると、彼らは赤報隊《せきほうたい》の一員として出征していく。

水野弥太郎を使い捨てにした新政府

赤報隊は、綾小路俊実《あやのこうじとしざね》・滋野井公寿《しげのいきんひさ》というふたりの公卿が率いた、新政府側の有志部隊である。慶応4年正月10日、近江《おうみ》国松尾山《まつおやま》で結成された。鳥羽《とば》・伏見《ふしみ》の戦いが起こったのは、同年正月3日のことであり、赤報隊は、賊軍《ぞくぐん》とされた旧幕府軍と戦うことを目的としていた。

赤報隊の一番隊隊長は、有名な相楽総三《さがらそうぞう》である。相楽は下総相馬《しもうさそうま》（取手《とりで》市）の豪農《ごうのう》小島《こじま》家に生まれた。いわゆる草莽《そうもう》の志士《しし》、つまり浪士となり、政治的活動を続けた。

そして慶応3年末、相楽は西郷隆盛《さいごうたかもり》の命を受けて、江戸で強盗騒ぎを起こし、幕府を挑発した。西郷は同年10月14日に大政奉還があったことを受けて、攪乱《かくらん》中止命令を出したが、相楽は挑発をやめず、結局、幕府は薩摩藩邸の焼き討ちを実施し、戊辰戦争の幕が切って落とされる。

相楽が攪乱工作をやめなかった理由は不明だが、独断専行を重んじるタイプと考えれば納得がいく。相楽は江戸を無事脱出し、赤報隊に加入したのである。

赤報隊二番隊隊長は、鈴木三樹三郎《すずきみきさぶろう》。伊東甲子太郎の実弟であり、慶応元年10月に兄とともに新選組に加入した。したがって二番隊には、新選組を分派した高台寺党のメンバーが所属している。

赤報隊三番隊隊長は、油川信近《ゆかわのぶちか》。近江国水口《みなくち》藩士で、岩倉具視《いわくらともみ》の取り巻きのひとりだった。このため、この隊は水口藩士が所属していた。

水野弥太郎は、赤報隊から子分を隊士として出すように通達を受け、70人ほどを送り込んでいる。彼らは幕府陸軍《りくぐん》奉行竹中丹後守《ぶぎょうたけなかたんごのかみ》の陣屋接収などに活躍した。しかし、水野の子分たちは博徒であったため、気の毒なことに陣屋では、乱暴狼藉《らんぼうろうぜき》が行われたのである。

また、水野の子分たちは、赤報隊が掲げたことで名高い年貢半減令《ねんぐはんげんれい》を、村々に徹底させることにも尽力した。年貢半減令とは、旧幕府領の慶応四年の年貢を半減するという内容であった。これはもちろん、旧幕府領の領民の心を取っておきたいという政略上の理由から、認められたものであった。

しかし、明治政府は財政難のため、年貢半減令の実施は難しかった。このため、岩倉具視は早くも正月23日には、年貢半減令の撤回を決定している。そして25日には、赤報隊に対して、京都への帰還命令を出している。

水野は2月3日、大垣の東山道《とうさんどう》鎮撫《ちんぶ》総督府《そうとくふ》に呼び出される。水野はご褒美《ほうび》でももらえるのかと思い、正装で出かけたが、予想外なことに投獄されてしまった。その理由は官軍《かんぐん》の威光を借りて、殺人を行ったというものであった。

水野は6日に首を吊って自殺している。一方、赤報隊は二番隊・三番隊は京へ帰還したが、相楽の一番隊は帰還命令を聞かずに進軍した。そして2月10日には偽《にせ》官軍と認定され、3月3日に相楽たちは下諏訪《しもすわ》で処刑された。

赤報隊には清水《しみず》の次郎長《じろちょう》のライバル、黒駒《くろこま》の勝蔵《かつぞう》も参加しているが、勝蔵も明治4年（1871）10月に処刑されている。赤報隊は新選組と同じ浪人とアウトローの混合部隊であり、彼らにとって明治維新《めいじいしん》はつらいものであった。しかしアウトローたちは、その後、自由民権運動でも活躍することになる。

第13節　鳥羽・伏見の戦いと新選組

本来、戦う必然性がなかった「幕府軍」

慶応《けいおう》4年（1868）正月3日から始まった鳥羽《とば》・伏見《ふしみ》の戦いは、従来、徳川《とくがわ》軍が負けるべくして負けた戦いとして描かれることが多かった。西洋の最先端の武器を所持する「官軍《かんぐん》」（この項では薩長《さっちょう》軍とする）が、刀槍《とうそう》のみで戦う徳川軍を撃破するというストーリーである。

これは、天皇の軍隊を絶対正義とする、皇国史観《こうこくしかん》の残滓《ざんし》であることはいうまでもない。では、本当に鳥羽・伏見の戦いは、「野蛮《やばん》」な徳川軍が、必然的に負けた戦争なのであろうか。

鳥羽・伏見の戦いを理解する上で肝心なことは、これは徳川側とすれば、起こす必要がない戦いであったということである。一般的なイメージとは異なり、15代将軍徳川慶喜《とくがわよしのぶ》は、慶応3年（1867）10月14日に行った大政奉還《たいせいほうかん》によって、政治的主導権を握ったのである。

日本全国を統治するシステムを持たない朝廷に対して、大政奉還を実行した慶喜は、朝廷との交渉を優位に進め、このまま事態が推移すれば、新政府で確実にしかるべき地位が与えられるはずであった。だから慶喜には、戦争を起こす必要はなかった。

ところが慶応3年12月25日に、江戸《えど》で薩摩《さつま》藩の挑発を受けた幕閣が、三田《みた》にあった薩摩藩邸を焼き討ちしてしまったのである。これで幕府は事実上、薩摩藩とは交戦状況になってしまった。

ことここに至れば、慶喜も幕府内の好戦派を押さえきれなくなり、仕方なく薩摩藩の排除を要求すべく、京へ進軍することを認めた。つまり慶喜は、いやいやながら兵を送ったわけであり、そのため幕府軍の最高総司令官である慶喜は、高所に立った積極的な指揮をまったくみせなかった。

しかも幕府軍は大軍であったため、油断と隙があったことは否めないだろう。そこを突かれたのだ。

それゆえ戦いが始まると、徳川軍の各部隊は、統一的な戦略がないまま、各個に死力を尽くさざるを得なかった。新選組《しんせんぐみ》も例外ではない。

伏見奉行所跡（東京大学史料編纂所所蔵『京都に於ける維新史蹟』所収）

近藤勇が不在のなか、新選組は副長土方歳三の指揮の下で鳥羽・伏見の戦いに挑むこととなった。

鳥羽・伏見の戦いの新選組で逸《いっ》せないのは、近《こん》藤勇《どういさみ》の不在である。慶応3年12月18日、近藤は伏見で伊東甲子太郎《いとうかしたろう》グループであった阿部十郎《あべじゅうろう》らに肩を撃ち抜かれ、重傷を負った。このため新選組の指揮は、副長《ふくちょう》の土方歳三《ひじかたとしぞう》が執《と》った。

ここで薩長軍と徳川幕府軍の戦力を比べてみると、ざっと薩長《さっちょう》軍は5000人、徳川軍は1万人で、2倍の戦力差があった。数では徳川軍が、圧倒的に有利であった。

薩長軍は、ミニエー銃を標準装備していた。徳川軍は、旧式装備であったと思われがちだが、幕《ばく》府歩兵隊《ふほへいたい》はミニエー銃を装備しており、薩長軍に勝るとも劣らない武装を誇っていた。

幕府歩兵隊は鳥羽・伏見の戦いで、鳥羽方面に二個大隊、伏見方面に二個大隊が参加している。

一個大隊の人数は、400人ほどである。数は多くはない。

会津藩は、かねてからミニエー銃を標準装備したいと考えていたが、おそらく財政上の理由で実現せず、刀槍《とうそう》が装備の中心であった。ただ、旧式装備ながら士気は旺盛《おうせい》だった。

遠藤蛙斎《えんどうけいさい》が画《か》いたと伝わる「伏見鳥羽戦争図《ふしみとばせんそうず》」(草稿《そうこう》)を見てみると、新選組は銃剣を着けた洋式銃と思しき銃を持った姿で描かれている。新選組はある程度のゲベール銃を装備して、鳥羽・伏見の戦いに臨んだとしていいであろう。

土方歳三「戎器は砲に非ざれば不可」の真意

鳥羽・伏見の戦いの開戦日である慶応4年正月3日、新選組は会津《あいづ》藩兵とともに伏見《ふしみ》奉行所《ぎょうしょ》にいた。午後5時頃に鳥羽方面で戦端が開かれると、その直後に伏見方面でも戦闘が開始された。

新選組と会津藩は、敵が陣を構える御香宮《ごこうのみや》神社に「銃とともに刀槍」で突撃した。しかし、小銃などで激しく反撃され、奉行所まで後退して機会を窺《うかが》い、何度か突撃を仕掛けたという。

保谷徹によれば、新選組は、たしかに銃撃能力はあったが、その銃は旧式なためか、決定力たり得なかったとしている。そして伏見奉行所から火が出ると、淀《よど》まで退いた。淀藩は老中《ろうじゅう》稲葉正邦《いなばまさくに》の藩であるが、すでに薩長軍と通じており、徳川軍の入城を許さなかった。

正月4日、徳川軍は鳥羽街道《とばかいどう》を北上して京へ進もうとするが、薩摩軍に阻まれ失敗した。徳川軍は人数が多いのだから、迂回《うかい》戦法など、やり方はあったはずである。

だが、いたずらに一直線に北上しようとするのみで、拙劣《せつれつ》というしかない。しかし、これは現場の部隊の罪ではなく、戦略を欠いた高級指揮官の罪である。

正月5日は宇治《うじ》川に沿って、伏見から淀へ伸びる淀堤《よどづつみ》で激戦が展開される。永倉新八《ながくらしんぱち》の記述によれば、新選組は鉄砲を捨てて切り込んでいる。新選組はこの日、井上源三郎《いのうえげんざぶろう》をはじめ14人もの犠牲者を出しており、苦戦だったことは明瞭《めいりょう》である。新選組の洋式化は、その装備も含めて、まだ途上にあったということであろう。

正月6日には、橋本《はしもと》宿（京都府八幡《やわた》市）周辺で戦闘が展開した。徳川軍も奮戦したが、戦局を決したのは、淀川対岸の山崎関門《やまざきかんもん》から徳川軍を大砲で撃った「津《つ》藩の裏切り」である。これで徳川軍は総崩れになり、大坂まで敗走した。

このようにしてみると、徳川軍は敵に倍する兵力を持っていたため、「いずれ勝てる」

という慢心が高級指揮官にあったのではないか。それが緒戦《ちょせん》の敗北を招き、「徳川弱し」というイメージが形成され、それに動かされた朝廷によって薩長軍が「官軍」とされ、錦《にしき》の御旗《みはた》が与えられるという流れを呼んだ。

しかし、それよりも大きかったのは、幕府の最高司令官である徳川慶喜の「やる気のなさ」である。後年の慶喜の回想（『徳川慶喜公伝』など）では、「天皇に弓を引く気はなかった」という意味のことを繰り返しているが、慶喜は開戦直前の政局の有利さにこだわってしまい、戦争の遂行を放擲《ほうてき》したとしか思えない。武人《ぶじん》としては失格である。

土方歳三は江戸に帰った後、佐倉《さくら》藩江戸留守居役依田学海《るすいやくよだがっかい》に、鳥羽・伏見の戦いについて「戎器《じゅうき》は砲《ほう》に非《あら》ざれば不可《ふか》。僕《ぼく》、剣を佩《お》び槍を執《と》る。一《ひとつ》も用《もち》いる所《ところ》無し」と語っている。

この言葉は、「戦闘に用いる兵器は銃砲でなければならない。僕（土方）は刀を差し槍を持って戦場に赴いたが、ひとつも用いることはなかった」と意訳できる。

この土方の言葉を、「洋式調練を行ってきたのに、それを十分に活かすことができず、図らずも剣を取って戦わなくてはならなかった」ととらえるか、「鳥羽・伏見では洋式戦闘は満足にできなかったが、俺達にはその準備はもうできているから、今度はやってみせますよ」というふうにとらえるかで、土方という人間に対する見方は変わってくるだろう。

「剣を佩び槍を執る」という文字だけを見て、「新選組は前時代的な刀と槍で、最新装備の新政府軍に、がむしゃらに突っ込んでいった」と安易に考えることほど、浅い見解はないとだけはいえよう。

土方は、その後の戊辰戦争の戦いにおいて、実直に訓練を重ねてきた洋式調練に基づく戦術・戦法を駆使して、ミニエー銃を凌《しの》ぐ威力の後装ライフル銃を持った兵たちを指揮し、幾度も勇名を馳せる。見事に鳥羽・伏見の借りを返したということであろう。

第14節　近藤勇の最期と土方歳三の写真

近藤勇は「死に場」を大坂城と考えていた!?

慶応《けいおう》4年（1868）正月の鳥羽《とば》・伏見《ふしみ》の戦いで敗れた新選組《しんせんぐみ》は、船で大坂《おおさか》を脱出し、正月15日に江戸《えど》に着いた。近藤勇《こんどういさみ》は同18日に、以前から親交があった幕府御典医《ばくふごてんい》松本良順《まつもとりょうじゅん》らの治療を、医学所《いがくしょ》で受けている（多聞櫓文書27290）。

同年2月28日、近藤勇は「甲州鎮撫《こうしゅうちんぶ》」を命じられ、大久保剛《おおくぼたけし》と名前を変え、新選組のメンバーを中核として結成された部隊を率いて、3月1日に江戸を出発した。この部隊は通常「甲陽鎮撫隊《こうようちんぶたい》」といわれるが、この名称は同時代史料では確認できない。

巷間《こうかん》伝わるところでは、近藤たちの行軍は緩慢であり、そのために新政府の東征軍《とうせいぐん》に甲《こう》府《ふ》城を奪われてしまったとされる。だが、近年の研究では、これは否定されている。

近藤たちは、「雪の降る悪天候の中、よく進んだ」のである。3月6日、近藤率いる鎮撫隊と東征軍は、勝沼《かつぬま》宿近郊で激突するが、勇たちは敗北し江戸へ逃げ帰る。

江戸に戻った近藤は、今後の方針をめぐって永倉新八《ながくらしんぱち》や原田左之助《はらださのすけ》と袂《たもと》を分かつ。そして大久保大和《おおくぼやまと》と名乗り、内藤隼人《ないとうはやと》と変名した土方歳三《ひじかたとしぞう》とともに、五兵衛新田《ごへえしんでん》村（東京都足《あ》立《だち》区）で兵を募集・訓練していたが、4月1日に流山《ながれやま》（千葉県流山市）に移動した。

ところが、4月3日に突如、新政府軍に包囲され、近藤は総督府《そうとくふ》への出頭を要請される。

板橋《いたばし》（東京都板橋区）の総督府で拘束された近藤に対して、新政府軍による取り調べが行われた。その内容は興味深いものではあるが、紙数の関係で詳述はできない。

ただ、ひとつだけ指摘しておきたいのは、新政府軍が「大久保大和」のことを聞くために呼んだ「徳川目付《とくがわめつけ》」の証言である。その目付は、「大久保大和なる人物は徳川家中《かちゅう》に存在せず、近藤自身も早くから脱走して当家とは関係ない」「一刻も早く厳刑《げんけい》に処すべきである」「梟首《きょうしゅ》（晒《さら》し首のこと）」すべしと返答したという。

この証言をきっかけにして、近藤の運命は、大きく処刑へと傾いていく。当時の徳川家では、抗戦か恭順かをめぐって深刻な対立が生じており、近藤はその犠牲になったのではないだろうか。しかも近藤は百姓《ひゃくしょう》上がりであり、幕府内に確たる基盤があるわけではなかった。改めて新選組は庶民が作り上げた組織であることを指摘しておきたい。

近藤の斬首は4月25日、板橋宿のはずれで横倉喜三次《よこくらきそうじ》という人物によって行われた。宮地正人は「一貫して幅広い見通しとすぐれた統率力を有してきた」近藤が、江戸帰還後は「そのギラリとした冴《さ》えに衰えを見せる」と記しているが同感である。なぜであろうか。

筆者は、近藤は帝都（京都）防衛構想のなかで、自分と新選組を位置づけてきた点を考慮すべきだと考える。近藤は、幕末の京都という特異な政治空間のなかで、攘夷《じょうい》を担える軍事組織を作るために、幅広い階層から情報を集め、退廃的な浪人集団をひとつにまとめて、合理的な組織を築いていった。そのリーダーシップは素晴らしいものであったが、江戸は京都とは事情が違っていたのである。

『武内孫助筆記《たけうちまごすけひっき》』は、近藤が鳥羽・伏見の戦いの直後に、土方に介抱されながら負傷を押して大坂城に登り、老中板倉勝静《ろうじゅういたくらかつきよ》に謁見《えっけん》を求めたことを記している。しかし板倉は、この謁見を拒否した。

近藤は、「大坂城をおめおめと敵に渡すのは、末代までの恥辱である。自分に200〜300の兵を預けてくれれば、切腹するまで戦うのに」と言ったと記されている。武内は江戸詰《えどづめ》の紀州《きしゅう》藩士なので、この光景を見たわけではなく、伝聞に基づいて書いたと推定されるので、どこまで事実か疑問であるが、近藤の心情としては、この通りだったのではないだろうか。

近藤は、自分が能力の限りを尽くして守ってきた京都が敵の手に落ちた以上、上京以来その重要性を認識してきた大坂城で、死ぬまで戦いたかったのであろう。ここで江戸に帰っても、はかばかしい戦いができないことは、聡明な近藤にはわかっていたに違いない。

「逆賊」の烙印と土方歳三の写真

土方歳三は、近藤が総督府に出頭すると、流山から脱出し、勝海舟《かつかいしゅう》のところに行って、近藤の助命を嘆願した。だが、土方の願いはかなわなかった。その後、関東から東北に転戦した土方は、最後は蝦夷地《えぞち》に渡り、明治2年（1869）5月11日に新政府軍の銃弾を受けて戦死している。

戊辰《ぼしん》戦争を、最後の最後まで戦い抜いた土方については、「京都であばれまくっていた時代も鬼神のような凄《すご》さがあったが、その後もまた勇猛果敢《ゆうもうかかん》、戦《いく》さ上手なことはおどろくほどだ。一種の天才児」という海音寺潮五郎《かいおんじちょうごろう》の言葉に共感される方が多いのではないか。

新選組は京都にいた元治《げんじ》元年（1864）から、最新鋭とはいかなくても、洋式調練を行っていた。土方はその調練に熱心であり、彼の戦《いく》さ上手は京都時代からの調練の賜物《たまもの》であろう。

土方は「天才児」というよりは、洋式調練に熟練した男であったというべきだと思う。

箱館《はこだて》で土方の側近だった市村鉄之助《いちむらてつのすけ》が、はるばる土方の写真を、故郷の日野まで持参したという話は著名だが、今日では否定されている。現在、残されている土方の写真は、洋装姿の全身像と半身像の2種類があるが、市村がもたらしたとされる半身像は、父親が近藤と親しく、土方家の親類筋にあたる本田《ほんだ》定年《さだとし》という人物がもたらしたという説が有力となっている。

このような伝説が創られた背景には、明治以降の新選組関係者への冷たい視線がある。「戦前、『日野の土方』というだけで、賊徒《ぞくと》と見做《みな》されてしまった」と、土方歳三の子孫は語っている。

戦前の社会で「賊徒」とみなされることが、どれだけ重く苦しいことだったかは、今日では想像もつかない。新選組の「遺族」は、伝説を創ることで、世間から押しつぶされまいとしたのである。

今日のサブカルチャーにおける新選組の人気を考えると、まさに隔世の感があるが、新選組が天皇の敵とみなされ、靖国神社《やすくにじんじゃ》に祀られることはない存在であることは、覚えておく必要があるだろう。

土方歳三（国立国会図書館所蔵『幕末・明治・大正回顧八十年史』第3集所収）

〈参考文献〉

第11節

大石学『新選組』（中公新書、二〇〇四年）
「元治元年五月二七日付原市之進書状」（『会津藩庁記録』五、東京大学出版会、一九六九年）
「壬生寺兵法調練一件に関し『口上覚』（『武相自由民権史料集』第一巻）
『会津藩往復書簡』上巻358頁
西脇康『新徴組の真実にせまる』（文学通信、二〇一八年）
家近良樹『幕末政治と倒幕運動』（吉川弘文館、一九九五年）
大原美芳「江川家砲術指南の記録 御塾簿について」（『韮山町史の栞』第九号、一九八五年）
宮地正人『歴史のなかの新選組』（岩波書店、二〇〇四年）

第12節

伊藤克司「水野弥太郎親分と新選組・赤報隊」（西脇康編『新選組の論じ方』、新選組史料フォーラム実行委員会、二〇〇九年）
高橋敏『博徒と幕末維新』（ちくま新書、二〇〇四年）
宮地正人『歴史のなかの新選組』（岩波書店、二〇〇四年）

家近良樹『西郷隆盛』（ミネルヴァ書房、二〇一七年）
佐々木克「赤報隊の結成と年貢半減令」（松尾正人編『維新政権の成立』、吉川弘文館、二〇〇一年）
長谷川昇『博徒と自由民権』（中公新書、一九七七年）
「上田末治」「松浦多聞」（古賀茂作・鈴木亨編著『新撰組全隊士録』、講談社、二〇〇三年）
「宮古の土産」（『新選組京都の日々』、日野市、二〇〇七年）

第13節

野口武彦『鳥羽伏見の戦い』（中公新書、二〇一〇年）
『特別陳列新選組—史料が語る新選組の実像—』（京都国立博物館、二〇〇三年）
保谷徹『戊辰戦争』（吉川弘文館、二〇〇七年）
永倉新八『新選組顛末記』（新人物往来社、一九九八年）

第14節

矢口祥有里「甲州鎮撫隊と甲州道中日野宿」（大石学編『一九世紀の政権交代と社会変動』（東京堂出版、二〇〇九年）
大石学編『新選組情報館』（教育出版、二〇〇四年）

宮地正人『歴史のなかの新選組』（岩波書店、二〇〇四年）
『武内孫助筆記』（国立公文書館蔵）
「五稜郭」（海音寺潮五郎『日本名城伝』文春文庫、一九七七年）
藤井和夫「新撰組伝説の創造」（『幕末動乱』、土浦市立博物館・日野市立新選組のふるさと歴史館・壬生町立歴史民俗資料館・板橋区立郷土資料館、二〇一四年）
宮地正人「新選組と平田国学」（『国史学』一九五号、二〇〇八年）

コラム　実戦参加者が描いた「宮古湾海戦」

『戊辰《ぼしん》の役《えき》函館《はこだて》戦記《せんき》』挿絵《さしえ》を読み解く

土方歳三と「箱館戦争」

令和《れいわ》元年（2019）は新選組副長土方歳三《しんせんぐみふくちょうひじかたとしぞう》が戦死してから、ちょうど150年目に当たる。ここでは、そんな土方が戦った箱館《はこだて》戦争について触れておこう。

幕府海軍副総裁《ばくふかいぐんふくそうさい》の榎本武揚《えのもとたけあき》は、慶応《けいおう》4年（1868）8月19日に8隻の軍艦を率いて江《え》戸《と》を脱走した。彼ら脱走軍は10月20日に蝦夷地鷲ノ木《えぞちわしのき》（森町《もりまち》）に上陸し、幕府歩兵《ほへい》隊の実力者である大鳥圭介《おおとりけいすけ》と土方が二隊に分かれて進撃し、10月26日に幕府が北方警備のために築いた五稜郭《ごりょうかく》を占領した。

新政府軍は明治《めいじ》2年（1869）4月9日、乙部《おとべ》（乙部町）に上陸し、松前《まつまえ》（松前町）・木古内《きこない》（木古内町）・二股《ふたまた》（北斗《ほくと》市）の三方面から箱館を目指した。土方は二股防衛を指揮し、二股の天狗岳《てんぐだけ》では、4月13日から14日にかけて3万5000発もの弾薬を新政府軍に向けて発砲している。

5月11日、新政府軍による箱館総攻撃が開始され、土方はこの日に戦死している。五稜郭の明け渡しは同18日のことである。

江戸幕府が近代的な海軍の建設を始めたのは、安政《あんせい》2年（1855）の長崎海軍伝習所《ながさきかいぐんでんしゅうじょ》の設置からである。それから14年後の箱館戦争は、旧幕府海軍の実力を見るのに格好の舞台となった。幕府海軍は、単艦操縦能力はそれなりの水準に達したといえるが、艦隊運用能力は発展途上であったといえよう。

たとえば、宮古湾《みやこわん》海戦を見てみよう。箱館政府軍は明治2年3月25日、宮古湾に停泊していた新政府軍の甲鉄艦《こうてつかん》を奪取しようとした。この時、箱館政府軍は回天《かいてん》・高尾《たかお》・蟠龍《ばんりゅう》の3艦で出撃したが、艦隊を組めず、結局、回天一艦で甲鉄艦に接近してこれを乗っ取る接舷《せつげん》攻撃を仕掛けている。

新選組関係者では、土方や野村利三郎《のむらりさぶろう》が回天に乗艦しており、野村は甲鉄艦に斬り込んで戦死した。この時の野村の様子を描いたと思われる絵が、中島登《なかじまのぼり》の『戦友姿絵《せんゆうすがたえ》』にある。

明治時代に錦絵《にしきえ》『千代田之大奥《ちよだのおおおく》』シリーズなどで人気を博した絵師楊洲周延《ようしゅうちかのぶ》も、この海戦を『戊辰《ぼしん》の役函館戦記《えきはこだてせんき》』という本のなかで描いている。周延は越後高田《えちごたかだ》藩（藩主榊原《さかきばら》

橋本（楊洲）周延画「宮古湾海戦」

（国立国会図書館所蔵『戊辰の役函館戦記』〔中〕明治15年（1882）刊所収）

『戦友姿絵』の野村利三郎の絵もそうだが、乗り移ってくる旧幕府軍に対して新政府軍の甲鉄艦では、鑓《やり》で応じたようである。

氏）士によって結成された神木《しんぼく》隊の隊士で、慶応4年5月15日に上野《うえの》戦争に参加するも敗れ、その後、江戸を離れて榎本艦隊に従って蝦夷地に渡った。そして土方とともに回天に乗り込み、宮古湾海戦に参加している。

周延が残した記録『夢《ゆめ》もの語《がたり》』によれば、銃弾の雨が降り注ぐなか新政府軍の甲鉄《こうてつ》艦に飛び移ろうとした神木隊は戦死4名、負傷4名の被害を出し、橋本作太郎直義《はしもとさくたろうなおよし》こと周延自身も重傷を負ったという。

土方こそ描かれていないが、実戦参加者が描いた宮古湾海戦という意味で、周延の作品は貴重である。

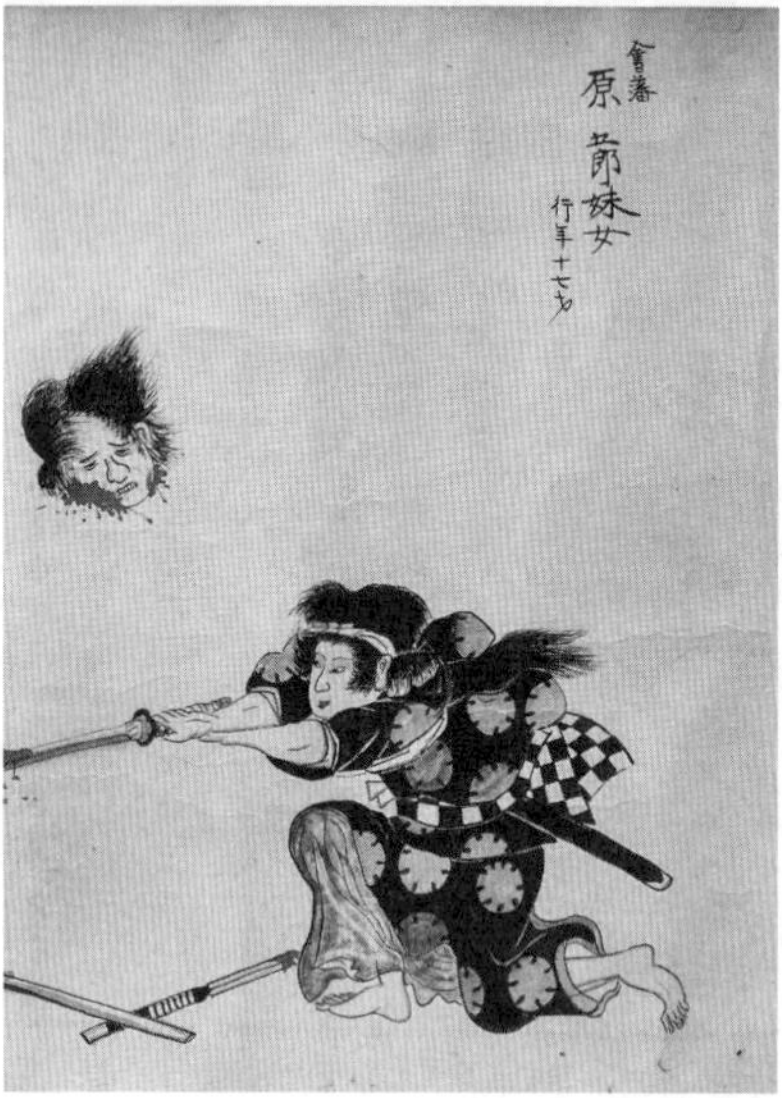

原五郎妹女《はらごろうまいぢよ》

会津藩士原五郎については不明な部分も多いが、原の母と姉妹3人が、会津戦争の時に長刀を振るって戦い、戦死したという。「行年十七才」とあり、中島登はこの3姉妹の誰かを描いたのだろう。『戦友姿絵』所収。

甲賀源吾《こうがげんご》

中島登が描いた『戦友姿絵』所収の1枚。掛川藩士の子として江戸藩邸で生まれた甲賀は蘭学を志し、幕府海軍の実力者矢田堀鴻《やたぼりこう》に師事した。安政6年（1859）に幕臣となり、戊辰戦争では回天の艦長として活動。宮古湾海戦では、新政府軍の甲鉄艦に接舷戦法を仕掛けるも、銃弾を受け戦死した。享年31。

巻末企画

中島登『戦友姿絵』を読み解く

中島登が所持していた鉄扇
（市立函館博物館所蔵）

解説　中島登《なかじまのぼり》と『戦友姿絵《せんゆうすがたえ》』

箱館戦争の生き残り「中島登」の生涯

中島登《なかじまのぼり》は天保《てんぽう》9年（1838）2月2日、武蔵《むさし》国多摩《たま》郡寺方《てらかた》村で生まれた。多摩郡には寺方村という名の村は複数あるが、中島の生まれたのは現在の八王子《はちおうじ》市にあった寺方村である。父親の名は又吉《またきち》、母はいちである。

中島は、武術を天然理心流《てんねんりしんりゅう》の山本満次郎《やまもとまんじろう》に学んだ。山本の師匠は増田蔵六《ますだぞうろく》であり、天然理心流といっても、宗家《そうけ》である近藤《こんどう》家の弟子ではなかった。

そのためもあるのか、中島が新選組《しんせんぐみ》の隊士として名が出てくるのは遅く、慶応《けいおう》4年（1868）3月の甲州鎮撫《こうしゅうちんぶ》からである。近藤勇《いさみ》が新選組のメンバーを中心にして結成した甲陽鎮撫隊《こうようちんぶたい》は、同年3月6日の勝沼《かつぬま》の戦いで壊滅したが、中島は近藤が再起を図った下《しも》総国《うさ》（千葉県）流山《ながれやま》に帯同し、近藤が新政府軍に拘束されるまでそこに留まった。

その後は土方歳三《ひじかたとしぞう》とともに関東・東北を転戦し、蝦夷地《えぞち》に渡って、明治《めいじ》2年（1869）

5月15日に弁天台場《べんてんだいば》で降伏した。つまり最後まで戦い抜いた、新選組の生き残りである。

中島が新政府によって捕えられている時に、死亡した戦友を弔《とむら》うために画《か》いたのが『戦《せん》友姿絵《ゆうすがたえ》』である。この作品には、新選組関係者は中島本人も含めて26名が描かれたが、創設メンバーの絵は近藤・土方・斉藤の三名のみで、仙台で新選組に入隊したと思われる三《み》好胖《よしゆたか》とその家臣など、江戸帰還後に加入した隊士も多く登場する。

これは、中島の新選組加入時期が影響しているのであろう。『戦友絵姿』内で中島が記した文によれば、山口二郎《やまぐちじろう》こと斉藤一《さいとうはじめ》は戦死したことになっているなど、不正確な記述もある。だが、これは幽閉中という不自由な状況下で画かれたということもあるだろう。

明治になって「八王子千人同心」になった男

ところで、中島については、元八王子千人同心《はちおうじせんにんどうしん》であったと記述されることが多い。だが、いったい、いつ千人同心に就任し、いつ千人同心を辞めたのかについては、明らかにしたものはない。

幕末期に実在した千人同心の名前は、嘉永《かえい》7年（1854）に作成された「千人同心姓《せい》名在所図表《めいざいしょずひょう》」を見ると、その多くが網羅されているが、寺方村の項には石田彦八《いしだひこはち》と石井八十八《いしいやそはち》の2人しか名前がなく、中島の名はない。

もちろん、この史料に載っていなくても千人同心ではなかったとは断言はできないが、筆者は千人同心の史料をずいぶん見たが、中島登関係のものは確認できなかった。唯一見つけられた史料は、次の『志村貞廉日記《しむらさだかどにっき》』明治3年（1870）9月10日条である。

一、河野へ行候処、保井寺より同断之手紙来候
〇若田栄吉一昨年中脱走中、下総流山ニ新撰組へ合併いたし、中島登と同僚ニ成候処、中島氏千人隊井上と申者之名跡ヲ冒シ帰参、新井割付にて参候、此人柚木之産ニ而保井寺知人ニ付手紙被頼候へ共、急ぎ候ニ付若田又井上登りより被頼候よし也

志村貞廉は、八王子千人同心を率いた千人頭《せんにんがしら》のひとりで、明治3年当時は、徳川《とくがわ》家が静《しず》岡《おか》藩を立藩したので静岡にいた。河野《こうの》は河野仲次郎《なかじろう》のことで、彼も元千人頭であった。その河野のところに八王子の堀之内《ほりのうち》にあった保井寺《ほうせいじ》という寺院から、手紙が来た。

手紙を持ってきたのは幕臣若田重三郎《ばくしんわかたじゅうざぶろう》の三男若田栄吉《えいきち》（1851〜1919）で、彼は下総流山で新選組に合流して中島と同僚になった。若田は明治2年に蝦夷地で降伏した後、一時、駿河《するが》（静岡県）の沼津《ぬまづ》にいる兄のところに世話になっていた。

この史料で最も気になるのは、中島が千人同心の「名跡《みょうせき》ヲ冒《おか》シ帰参《きさん》」したと記されている点であろう。これは何を意味しているのであろうか。ちなみに慶応《けいおう》2年（1866）以降、千人同心組は千人隊《せんにんたい》と呼ばれるようになる。

江戸時代も後期になると、千人同心を勤める権利は、株《かぶ》になって売買されていたことは知られている。現在の大相撲《おおずもう》の年寄株《としよりかぶ》のようなものである。だから、男子であれば誰でもこの株さえ買えば、千人同心になれた。

千人同心は、慶応4年6月に解体されたため、千人同心株はこれ以降、無効になったと考えられがちである。だが、じつはそうではない。

明治2年12月、中平井村《なかひらい》（日の出町）の元千人同心青木作十郎《あおきさくじゅうろう》は、金10両をもらって「御奉公御帰参之義《ごほうこうごきさんのぎ》」を、原小宮村《はらこみや》の白石佐五右衛門《しらいしさごえもん》に譲っている。これは青木が白石に千人同心株を売り、白石が静岡藩へ奉公となったことを示している。

ここで面白いのは、青木は白石に「御印章《ごいんしょう》」も一緒に渡していることだ。これは千人同心が解体される時に全員に配布された、「徳川家旧臣《きゅうしん》」の印章である。この印章が、いわば人物証明になったことは、『志村貞廉日記』によっても確認できる。

この史料には「株」という言葉は出てこないが、徳川家への帰参を前提に、千人同心株の売買は続いていたといえる。また、明治2年12月、元千人同心小池忠右衛門《こいけちゅうえもん》も幸三《こうぞう》という人物に、金14両2分で印章と由緒書《ゆいしょがき》・親類書《しんるいしょ》を売り渡している。これも「奉公」、すなわち徳川家に仕えることができる権利の売買が前提になっていることは、疑問の余地はないであろう。

要するに中島は、釈放されてから、井上という千人同心から千人同心株を買って、静岡藩に帰参したのではないだろうか。そのため「井上登《いのうえのぼ》り」という名前も登場するのである。千人同心株を購入した場合、購入先の苗字を名乗ることはよくあることである。「新井《あらい》」は遠江国新居《とおとうみのくにあらい》（湖西《こさい》市）で、明治元年（1868）の時から勤番組《きんばんぐみ》が置かれ、帰参者によって屯田兵《とんでんへい》的な開発が行われたところである。ここに中島が割付《わりつけ》られても不思議はない。

なお、静岡藩では、箱館戦争の降伏者を断続的に受け入れている。

明治4年（1871）に廃藩置県《はいはんちけん》が断行され、静岡藩がなくなると、中島も新居にいる意味はなくなる。中島はその後、浜松《はままつ》に住んだという。
中島は明治12年（1879）頃には、「金玉簾《きんぎょくれん》」という葉蘭《はらん》の栽培に成功し、利益を上げた。そして明治20年（1887）4月2日に、世を去っている。

〈参考文献〉

「中島登」「若田栄二」（古賀茂作・鈴木亨編著『新撰組全隊士録』、講談社、二〇〇三年）
小島政孝『武術・天然理心流』上（小島資料館、一九七八年）
「八王子千人同心在村者一覧」（村上直『江戸幕府千人同心史料』、文献出版、一九八二年）
『志村貞廉日記』一（八王子市教育委員会、二〇一二年）
吉岡孝「八王子千人同心株売買の変容」（東四柳史明編『地域社会の文化と変容』、同成社、二〇一七年）
「白石家由緒番代証文」「御奉公証文」（『江戸幕府千人同心関係資料調査報告』、東京都教育委員会、一九八八年）
樋口雄彦『沼津兵学校の研究』（吉川弘文館、二〇〇七年）

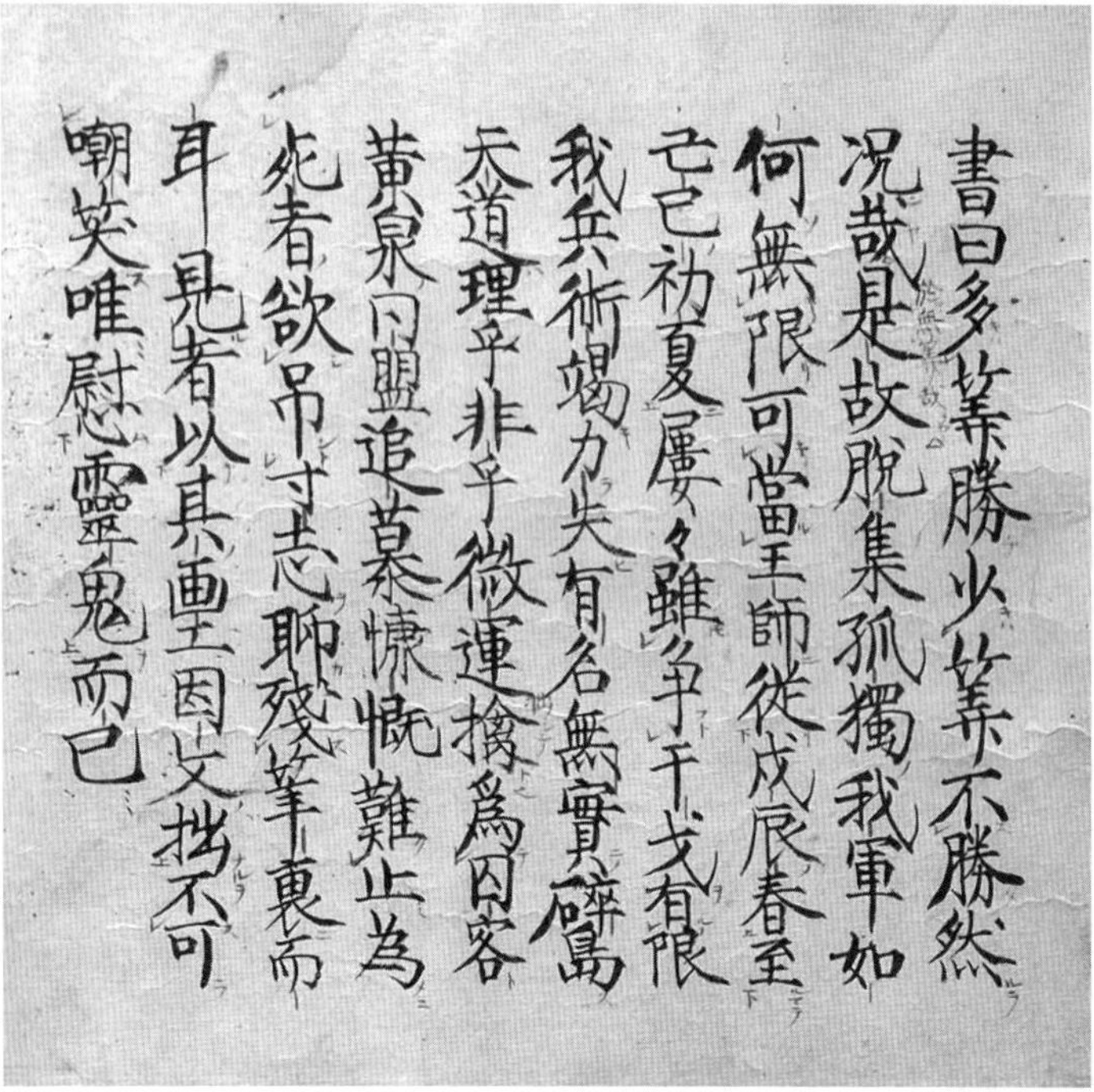

『戦《せん》友《ゆう》姿《すがた》絵《え》』の世界

跋文《ばつぶん》

書曰多算勝少算不勝然
況哉**於無算哉**是故脱集孤独我軍如
何無限可当王師従戊辰春至
己巳初夏屡々雖争干戈有限
我兵術竭力失有名無実砕島
天道理乎非乎微運**拙**擒為囚客
黄泉同盟追慕慷慨難止為
死者欲吊寸志聊残筆裏而
耳見者以其画工因文拙不可
嘲笑唯慰霊鬼而已

大意《たいい》

『孫子《そんし》』には「あらかじめ勝算が多ければ勝ち、少なければ負ける。ましてや、はじめから勝算がなければ勝てるはずはない」とある。これは孤軍であった徳川《とくがわ》脱走軍にもいえることで、官軍には勝てるはずがなかったのだ。慶応《けいおう》4年（1868）の春から明治《めいじ》2年（1869）の初夏まで、たびたび戦火を交《まじ》えたが、力尽きて敗北した。天道《てんどう》は正しいのだろうか、間違っているのだろうか。自分は不運にも捕虜になってしまったが、あの世の同志を思い、憤りが止まらない。そのため死者の志を弔《とむら》おうとして絵を残すのだ。これを見る者は、絵や文章が下手だと笑わないでもらいたい。ただ死者の魂を慰《なぐさ》めようとするだけなのだ。

〈参考文献〉
古賀茂作・鈴木亨編著『新撰組全隊士録』（講談社、2003年）
※次頁より掲載する『戦友姿絵』所収新選組隊士の生年月日や出身、役職などは、この本に拠《よ》った。

荒井（新井）破魔男（あらい はまお）

天保14年（1843）～慶応4年（1868）9月5日か

甲斐国（山梨県）出身。慶応4年の新選組《しんせんぐみ》江戸《えど》帰還後に入隊。江戸では局長付《きょくちょうづき》、会津《あいづ》では隊長付《たいちょうづき》。釈文には白河の戦闘の際に負傷し、会津如来堂《にょらいどう》の戦いで戦死したとあるが、中島登《なかじまのぼり》は現場を実見したわけではない。享年26。

甲州ノ産ニシテ於東京ニ
新選組ヱ同志シ后チ
会津ニ来リ　辰ノ五月朔日
白川ニテ手負　同年九月四日
如来堂ニテ山口二郎ト共ニ十三人ノ
中ニ入リテ
潔ク討死セリ

高田文二郎（たかだ ぶんじろう）

天保9年（1838）～慶応4年（1868）9月5日か

江戸（東京都）出身。慶応4年春の近藤勇《こんどういさみ》らが江戸に帰還した後に新選組に入隊。会津では器械方下役《きかいかたしたやく》。白河口《しらかわぐち》や母成峠《ぼなりとうげ》で戦い、会津如来堂の戦いで戦死したとされている。享年31。ただし中島登《なかじまのぼり》は現場を実見していないので、荒井破魔男と高田は生き延びた可能性もある。

元東京ノ産ニシテ新選組ヱ同志シ
辰ノ九月四日如来堂ニテ山口ト共ニ
枕ヲ同フシテ討死ス

粂部正親（くめべ まさちか）

天保12年（1841）4月17日～明治43年（1910）9月25日

摂津国《せっつ》（大阪府）大坂もしくは山《やま》城《しろ》国（京都）出身。

元治《げんじ》2年（1865）から新選組に所属し、鳥羽《とば》・伏見《ふしみ》の戦いで負傷。江戸帰還後、近藤勇とともに医《い》学所《がくしょ》で松本良順《まつもとりょうじゅん》らの治療を受けている。如来堂の戦いで「討死《うちじに》」とあるが、実際は逃げ延び、明治元年10月に玉造《たまつくり》から銚子《ちょうし》に舟で向かう途中で降伏している。明治以後は名を猪野《いの》忠敬《ただたか》と改め陸軍《りくぐん》に出仕。西南戦争《せいなんせんそう》にも参加し、最終的には中尉《ちゅうい》まで昇進した。仙台《せんだい》にて没。享年70。

山城京都ノ産ナリ　新選組ヱ同志シ会津ニ来テ軍鑑役タリ　辰ノ九月四日如来堂ニ而山口二郎ト共ニ敵ニ取囲レ手痛ク働キ枕ヲ同フシテ討死セリ

志村武蔵（しむら たけぞう）

天保4年（1833）〜？

相模国《さがみ》（神奈川県）もしくは美作《みまさか》国（岡山県）津山《つやま》出身。

慶応元年（1865）4月に新選組に入隊。京都では伍長《ごちょう》、慶応3年（1867）新選組の幕臣《ばくしん》化に反対して切腹した佐野七五三之助《さのしめのすけ》の介錯《かいしゃく》をしたのが志村だったという。会津では大砲差図役頭取《たいほうさしずやくとうどり》（大尉《たいい》クラス）。鳥羽・伏見の戦い、甲州勝沼の戦いに従軍後、東北に転戦し如来堂で「討死」とあるが、東京で病死したとの説もある。

元相州ノ産ナリ　西京ニ登リ
新選組ヱ同志シ伍長役タリ
后チ会津ニ来テ大砲方頭取ト
ナリ　辰ノ九月四日如来堂ニテ山口
ト共ニ討死ス

漢一郎（かんいちろう）

天保9年（1838）～慶応4年（1868）8月21日

摂津国（大阪府）大坂出身。

入隊時期ははっきりしないが、土《ひじ》方歳三《かたとしぞう》とともに関東を転戦し、一緒に会津に至ったと考えられる。会津では局長付小頭《こがしら》・旗役頭取《はたやくとうどり》。郡山《こおりやま》から猪苗代《いなわしろ》に抜ける会津藩の防衛拠点である母成峠の戦闘で戦死。この絵では、新選組が使用したと思われる旗を持って描かれており、貴重な史料となっている。享年31。

元大坂在ノ産ナリ　新選組ニ加入シ　辰ノ八
后会津ニ来リ旗役頭取タリ
月廿一日
勝軍山ニテ戦死ス

千田兵衛
行年二十三
元津軽藩ニシテ新選組ヱ加入シ
后會津ニ来リ辰ノ八月廿
一日勝軍山ニテ討死ス

千田兵衛（せんだ ひょうえ）

弘化3年（1846）～慶応4年（1868）8月21日

陸奥国《むつ》（青森県）弘前《ひろさき》出身。元津軽《つがる》藩士。慶応3年10月頃入隊。京都・江戸にて局長付。鳥羽・伏見の戦い後は、甲州勝沼の戦いに参加、五兵衛《ごへえ》新田《しんでん》にも滞在した。会津では歩兵《ほへい》差図役下役《さしずやくしたやく》（曹長《そうちょう》クラス）。慶応4年8月21日に母成峠の戦いで戦死したとされる。享年23。

元津軽藩ニシテ新選組ヱ加入シ
后会津ニ来リ　辰ノ八月廿
一日勝軍山ニテ討死ス

河合鉄五郎（かわい てつごろう）

弘化3年（1846）～？

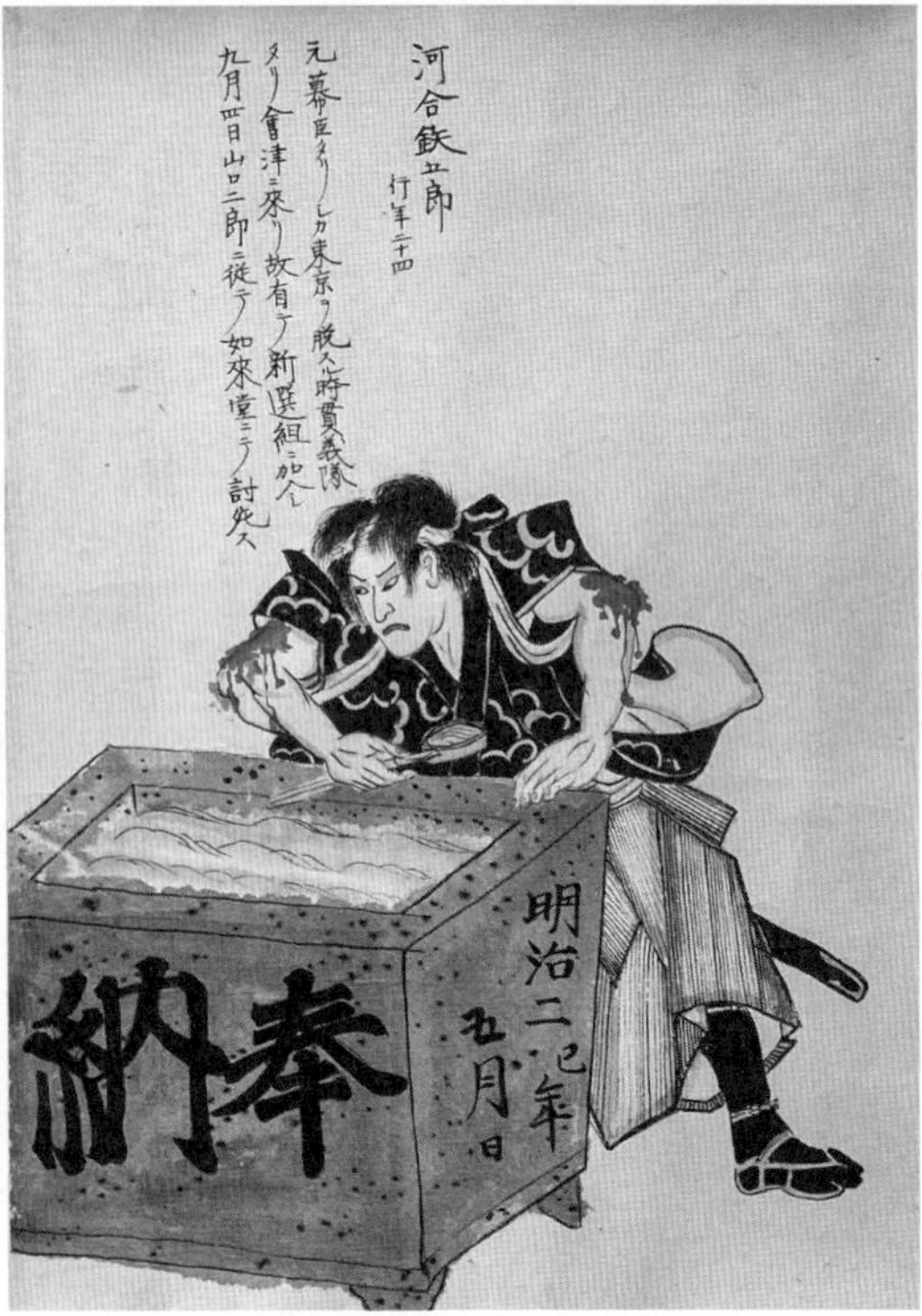

美濃《みの》国（岐阜県）厚見《あつみ》郡岐阜七曲《ななまがり》町（岐阜市）出身。

旗本《はたもと》の松平兵庫頭《まつだいらひょうごのかみ》が率いる貫義隊《かんぎたい》に所属して江戸を脱走した鉄五郎は、転戦した会津で新選組に加入する。「如来堂ニテ討死」と書かれているが、実際には脱出に成功し、粂部正親らとともに銚子に向かう途中で降伏した。その後の消息は不明。

元幕臣タリシカ東京ヲ脱スル時貫義隊タリ　会津ニ来リ　故有テ新選組ニ加入シ

九月四日山口ニ従テ如来堂ニテ討死ス

吉田俊太郎
行年二十才
丹波篠山在ノ産ナリシカ於京地ニ
新選組ニ加入シ后會津ニ来リ
辰ノ九月四日如来堂ニテ山口
二郎ニ従テ共ニ戦死ス

吉田俊太郎（よしだしゅんたろう）

嘉永2年（1849）〜?

丹波《たんば》国（兵庫県）篠山（丹波篠山《ささやま》市）出身。

慶応3年10月頃に入隊。京都では局長付。鳥羽・伏見の戦い、甲州勝沼の戦いに参戦。五兵衛新田や流山《ながれやま》を経て会津に到達する。「如来堂ニテ山口《やまぐち》二郎《じろう》（斎藤一《さいとうはじめ》）ニ従テ共ニ戦死ス」とあるが、じつは粂部正親、河合鉄五郎、池田七三郎らとともに会津を脱出し、水戸《みと》の諸生隊《しょせいたい》と合流した。水戸城攻略に失敗した後は、那珂湊《なかみなと》から舟に乗り、銚子で高崎《たかさき》藩に降伏している。以後の消息は不明。

丹波篠山在ノ産ナリシカ於京地ニ
新選組ニ加入シ　后会津ニ来リ
辰ノ九月四日如来堂ニテ山口
二郎ニ従テ共ニ戦死ス

池田七三郎（いけだ しちさぶろう）

嘉永2年（1849）11月23日～昭和13年（1938）1月16日

上総《かずさ》国（千葉県）山辺《やまべ》郡田間《たま》村（東金市）出身。

商人の子で、慶応3年10月頃に入隊。京都では局長付。鳥羽・伏見の戦いで右脇下に被弾。甲州勝沼の戦いでは、顔面を負傷。会津戦争では隊長付。如来堂の戦いで「戦死」とあるが、実際は銚子で降伏。釈放後は稗田《ひえだ》利八《りはち》と名乗り、商人になった。昭和4年（1929）に子母澤寛《しもざわかん》から「新選組唯《ただ》ひとりの生き残り」としてインタビューを受けている。享年90。

元下総佐倉ノ藩ナリ
於京地ニ新選組ヱ加入シ
辰ノ早春淀ニテ手負シ　后又甲州
勝沼戦争ノ時手負フ　同年九月四日
如来堂ニテ山口二郎ト共ニ戦死ス

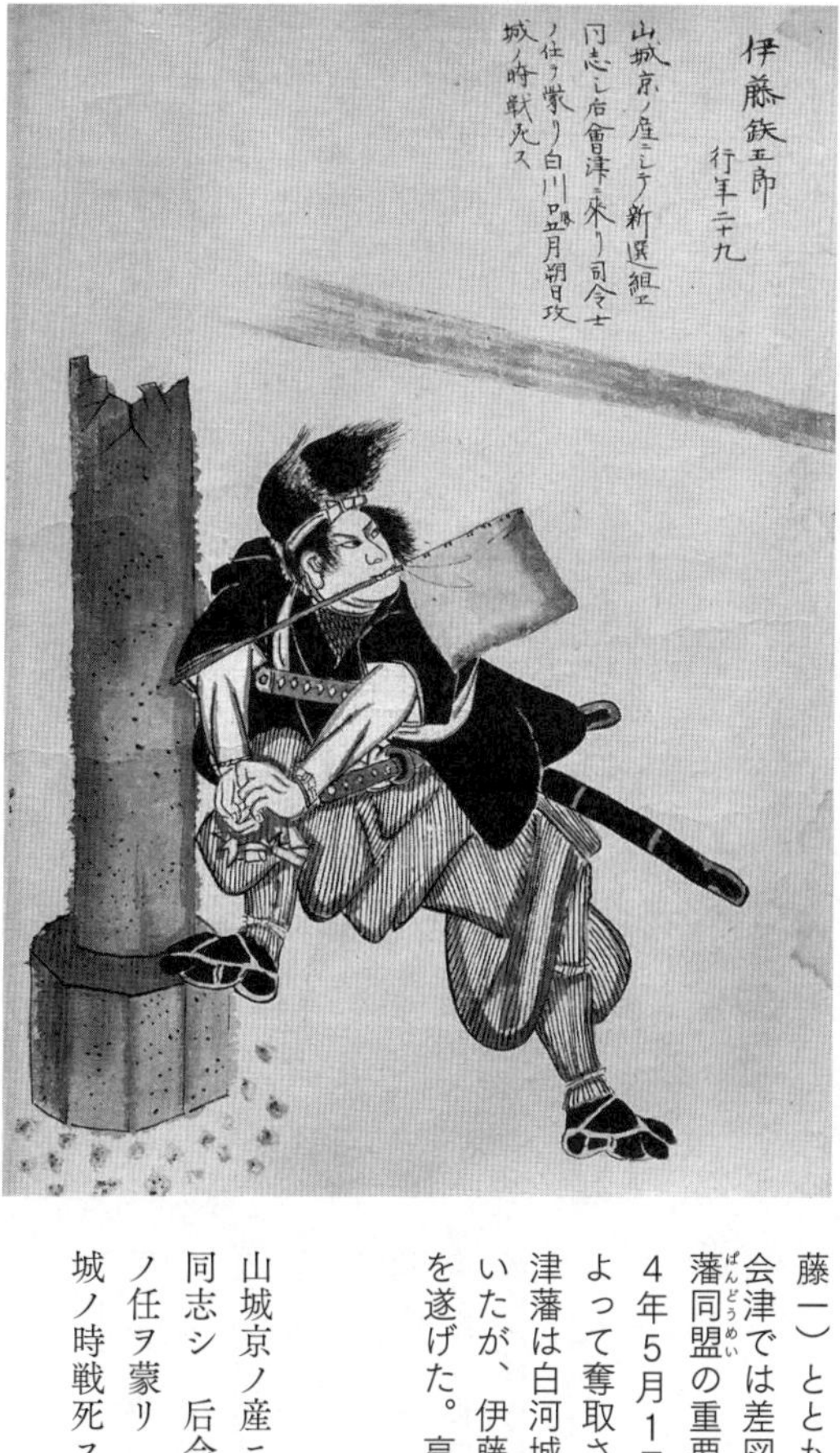
伊藤鉄五郎
行年二十九
山城京ノ産ニシテ新選組ヱ
同志シ后會津ニ来リ司令士
ノ任ヲ蒙リ白川口辰五月朔日攻
城ノ時戦死ス

伊藤鉄五郎（いとう てつごろう）

天保11年（1840）〜慶応4年（1868）5月1日

山城国（京都府）京都出身。

元治元年（1864）に入隊。京都では伍長、鳥羽・伏見の戦い、甲州勝沼の戦いに参加。山口二郎（斎藤一）とともに会津に赴いている。会津では差図役。白河城は奥羽越列《おううえつれっ》藩同盟《ぱんどうめい》の重要拠点であったが、慶応4年5月1日の新政府軍の攻撃によって奪取されている。新選組と会津藩は白河城防衛のために出陣していたが、伊藤はこの時の戦いで戦死を遂げた。享年29。

山城京ノ産ニシテ新選組ヱ
同志シ　后会津ニ来リ司令士
ノ任ヲ蒙リ　白川口辰五月朔日攻
城ノ時戦死ス

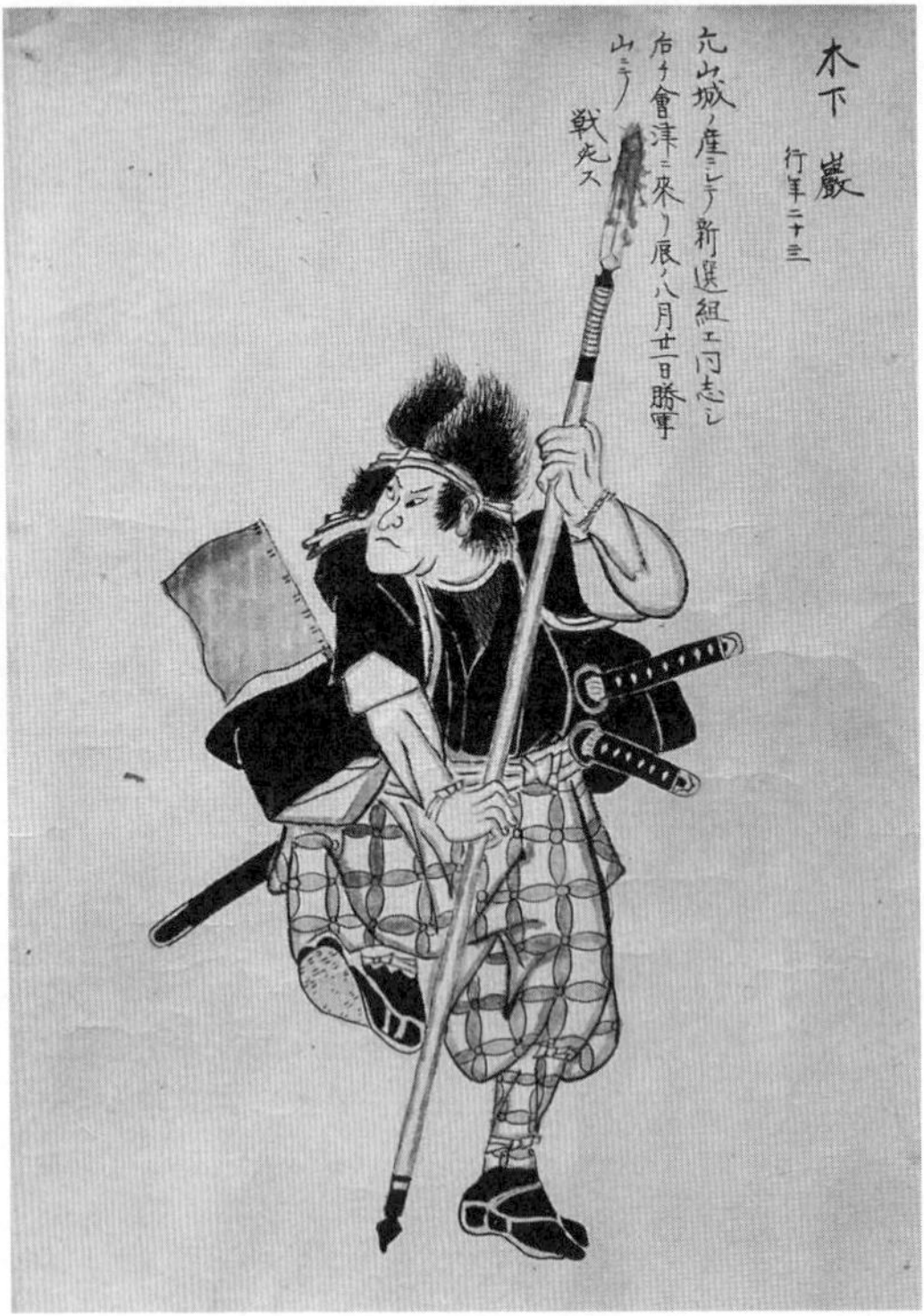
木下 巖
行年二十三
元山城ノ産ニシテ新選組エ同志シ
后チ會津ニ来リ辰ノ八月廿一日勝軍
山ニテ戦死ス

木下 巖（きのした いわお）

天保14年（1843）～慶応4年（1868）8月21日

阿波徳島（徳島県）もしくは山城国（京都府）出身。

元治元年10月に入隊し、京都では伍長。慶応2年9月12日に起きた新選組と土佐藩士《とさはんし》が衝突した三条制札《さんじょうせいさつ》事件に出動している。鳥羽・伏見の戦い、甲州勝沼の戦いにも参戦。会津では什長《じゅうちょう》に任命される。会津戦争の母成峠の攻防戦で戦死。享年26。

元山城ノ産ニシテ新選組ヱ同志シ
后チ会津ニ来リ　辰ノ八月廿一日勝
軍
山ニテ戦死ス

鈴木練三郎（すずき れんざぶろう）

嘉永元年（1848）～慶応4年（1868）8月21日

播磨国（兵庫県）姫路《ひめじ》出身。慶応3年7月～10月に入隊。京都では局長付、鳥羽・伏見の戦いに参戦する。会津戦争にも歩兵差図役下役（曹長《そうちょう》クラス）として参加し、母成峠の戦いで戦死。享年21。

元播州姫路ノ藩ナリ　新選組ヱ
加入シ　会津勝軍山ニテ戦死ス

蟻通勘吾（ありとおし　かんご）

天保10年（1839）〜明治2年（1869）5月11日

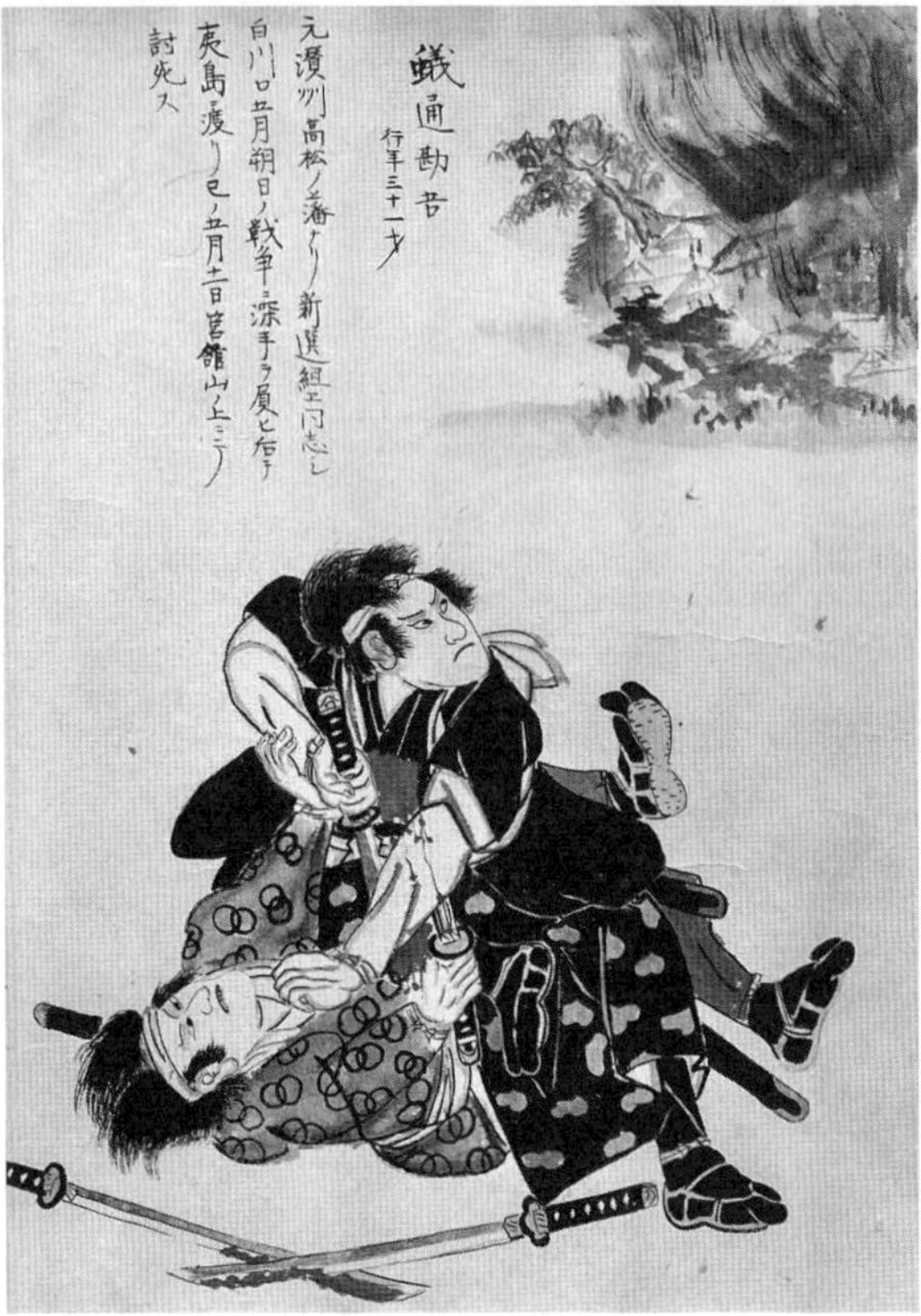

讃岐《さぬき》国（香川県）高松《たかまつ》出身。文久《ぶんきゅう》3年（1863）6月〜7月に入隊した古参の隊士。池田屋《いけだや》事件では褒賞《ほうしょう》に与《あずか》っている。鳥羽・伏見の戦いや甲州勝沼の戦いにも従軍。会津では什長。伊藤鉄五郎が戦死した慶応4年5月1日の白河口《しらかわぐち》の戦いでは、一番槍《いちばんやり》を入れるなど活躍するが、重傷を負ってしまう。蝦夷《えぞ》地《ち》に渡り、新政府軍の箱館《はこだて》総攻撃が始まった5月11日に箱館山《やま》で戦死を遂げた。池田屋事件で褒美《ほうび》をもらい、蝦夷地で戦死した人物は、蟻通と土方歳三だけである。享年31。

元讃州高松ノ藩ナリ　新選組ヱ同志
シ白河口五月朔日ノ戦争ニ深手ヲ負
ヒ后チ夷島ニ渡リ　巳ノ五月十一日
筥館山ノ上ニテ討死ス

粕屋十郎（かすやじゅうろう）

天保11年（1840）～明治2年（1869）5月11日

江戸（東京都）出身。
旧幕臣で、直参《じきさん》が結成した回天隊《かいてんたい》に参加。江戸を脱出後各地を転戦し、明治2年正月15日に箱館で新選組に加入。弁天台場南方の寒川《さむかわ》で守備に当たっていた粕屋は、同年5月11日に新政府軍に背後から不意討ちを受け、白兵戦になって戦死を遂げたという。享年30。

元徳川氏ノ臣タリ　東京ヲ脱スルヨリ回天隊ヱ加入シ
夷島ニ渡リ　新選組ヱ合シテ寒川ノ役ニ
当リ巳ノ五月十一日討死ノ図

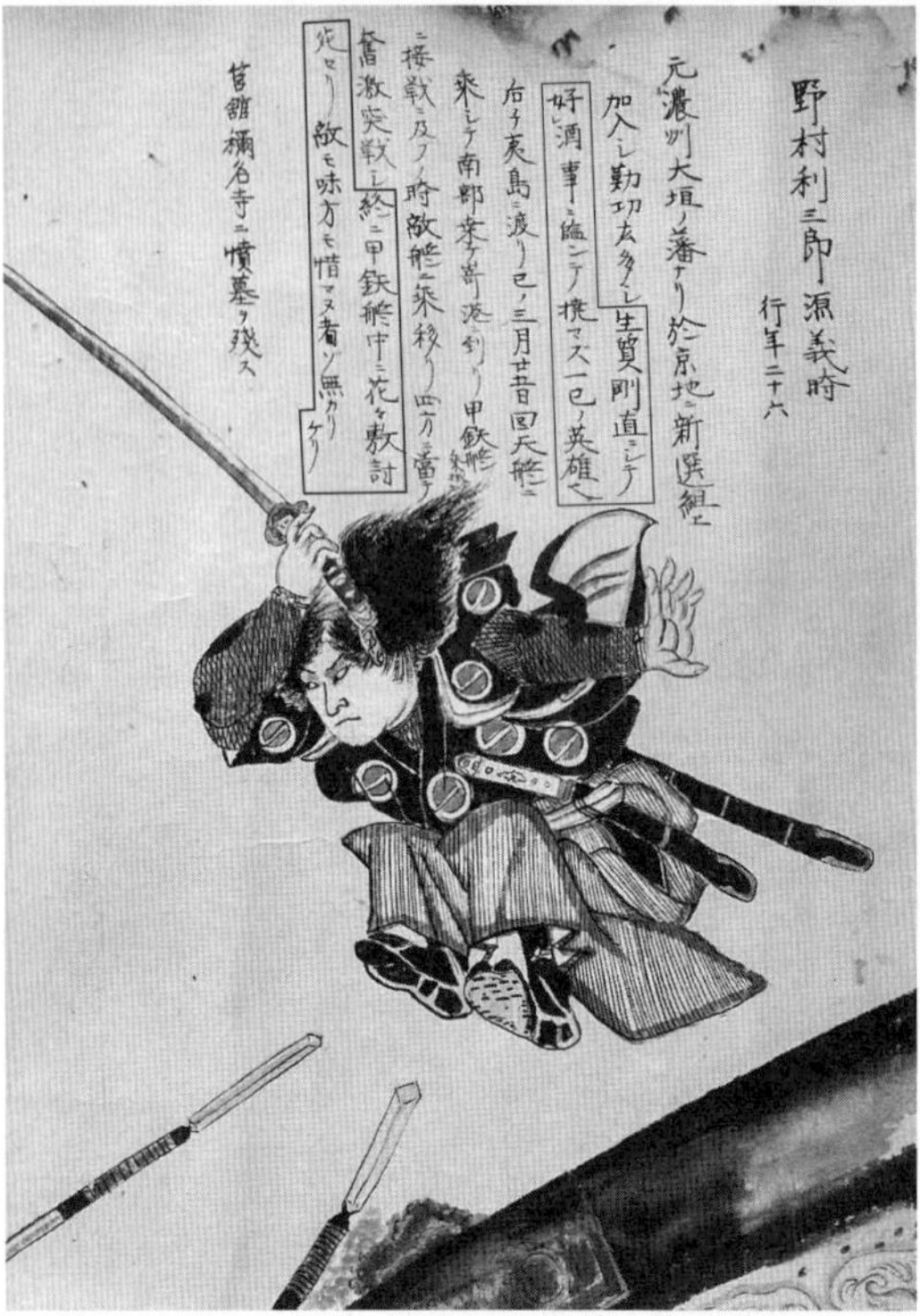

野村利三郎（のむらりさぶろう）

弘化元年（1844）〜明治2年（1869）3月25日

美濃国大垣出身（岐阜県）。姓は源《みなもと》、諱《いみな》は義時《よしとき》とある。慶応3年7月〜10月入隊。京都では局長付、江戸では局長付小頭。鳥羽・伏見の戦い、甲州勝沼の戦いに加わり、流山では近藤勇の投降に付き添って新政府軍に捕まっている。近藤は野村に形見を与えている。釈放後は春日《かすが》左衛門《さえもん》率いる陸軍隊《りくぐんたい》に参加して奥州を転戦した。仙台で土方歳三らと合流し、箱館では土方が陸軍奉行並《ぶぎょうなみ》になると、その介添役《かいぞえやく》となった。宮古《みやこ》湾《わん》海戦で戦死。享年26。

（抜粋）生質剛直ニシテ好酒　事ニ臨ンテ撓マズ　一己之英雄也…終ニ甲鉄艦中ニ花々敷討死セリ　敵モ味方モ惜マヌ者ゾ無カリケル

菊地 央（きくち てる）

弘化4年（1847）～慶応4年（1868）閏4月25日

陸奥国（青森県）弘前藩士出身。慶応3年10月頃の入隊。京都では局長付。鳥羽・伏見の戦い、甲州勝沼の戦い、五兵衛新田を経て会津に到る。慶応4年閏4月25日、新選組は白河城の南の白坂口《しらさかぐち》の防衛に当たっていたが、薩摩《さつま》藩を中心とした新政府軍の奇襲を受ける。この攻撃を撃退し、菊地も敵将の首を取るほどの活躍をしたが、銃弾を受け戦死を遂げた。享年22。

元津軽藩ナリ　新選組ヱ
加入シ后　会津ニ来リ
辰閏四月廿五日白川口攻撃ノトキ
終ニ討死ス

栗原仙之介（くりはら せんのすけ）

弘化4年（1847）～明治2年（1869）5月11日

肥前《ひぜん》国（佐賀県）唐津《からつ》藩士。

唐津藩主の子胖之助《はんのすけ》（三好胖）が江戸で上野《うえの》の彰義隊《しょうぎたい》に参加したため、栗原も彰義隊に入った。慶応4年5月の上野戦争で彰義隊が敗退すると、三好とともに会津に転戦。新選組への入隊は明治元年9月18日頃、三好らとともに仙台においてであるという。箱館総攻撃の日に弁天台場で戦死とある。享年23。

元肥前唐津ノ藩ナリ
主君ニ従シテ夷島ニ渡リ
巳ノ五月十一日筥館瓦解ノ砌
弁天岬於台場戦死ス

三好 胖（みよしゆたか）

嘉永5年（1852）～明治元年（1868）10月24日

肥前国（佐賀県）唐津出身。

唐津藩主だった小笠原長泰《おがさわらながやす》の子。唐津藩の相続は複雑で、数代にわたって養子が相続している。明治元年10月に榎本武揚《えのもとたけあき》軍は蝦夷地に上陸。同月24日、新選組も加わり、七重《ななえ》村（七飯《ななえ》町）で新政府軍と交戦状態になった。三好たちが三度の突撃を仕掛けるほどの激戦で、この時、三好は銃弾を受け戦死を遂げた。馬と一緒に描かれた姿は、いかにも藩主の一族らしい雰囲気である。享年17。

三好ハ唐津ノ城主小笠原壱岐守ノ
捨弟ナリ　墳墓ヲ去テ夷島ニ渡リ
新選組司令士トナッテ
辰ノ十月廿四日七重村戦争ノ時単身
ニシテ敵中ニ
切入リ奮戦シテ終ニ討死セリ

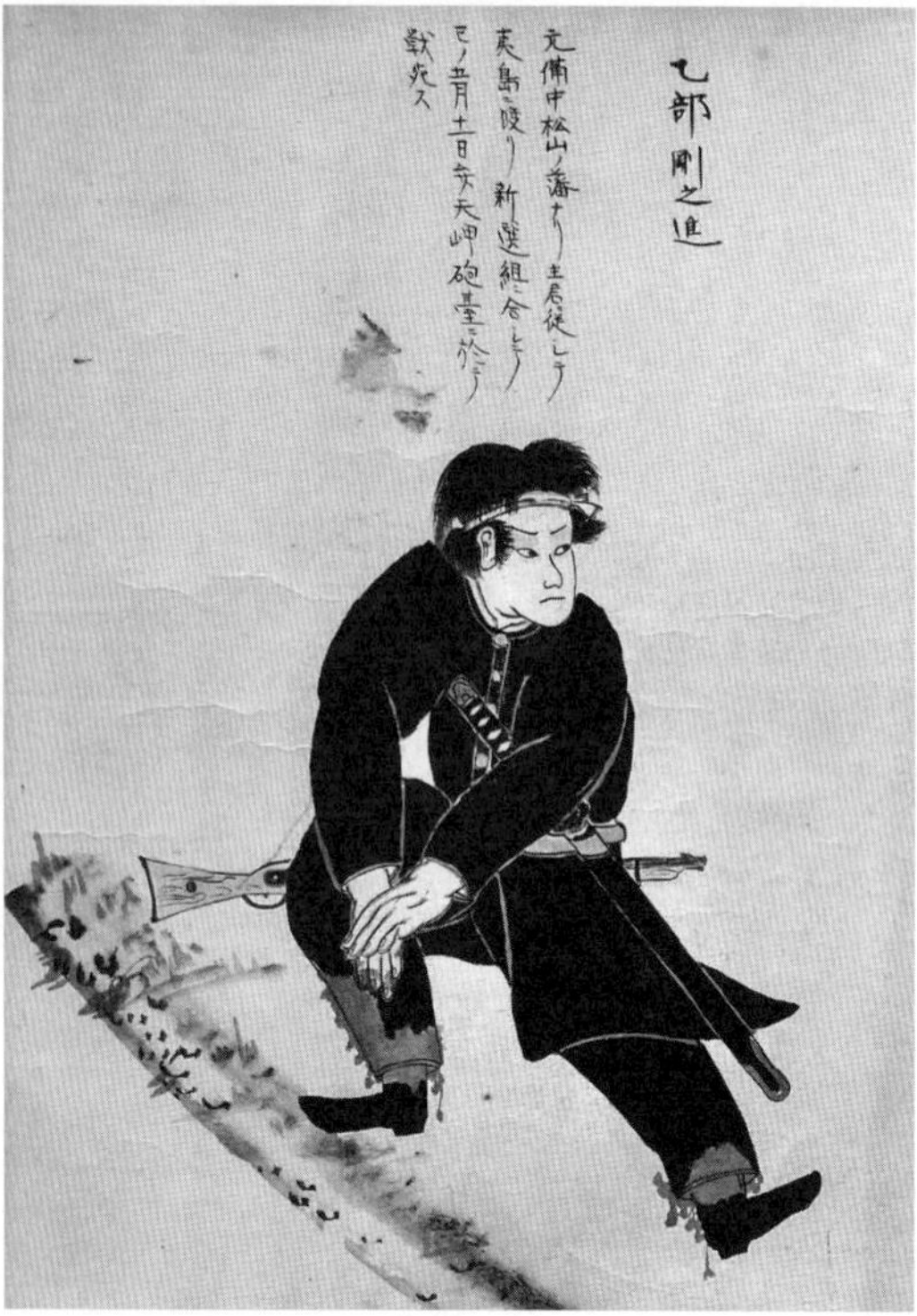

乙部剛之進（おとべ　ごうのしん）

?～明治2年（1869）5月11日

備中松山藩《びっちゅうまつやま》（岡山県高梁市《たかはし》）出身。諱《いみな》は吉明《よしあき》。松山藩主板倉勝静《いたくらかつきよ》は老中《ろうじゅう》まで務めた人物だが、東北から蝦夷地へと旧幕府軍とともに転戦した。乙部も主君とともに転戦し、明治元年9月17日頃、仙台で新選組に入隊した。5月11日の新政府軍の箱館総攻撃の時には、多くの新選組隊士が弁天台場を防衛していたが、乙部もここで戦死している。

元備中松山ノ藩ナリ　主君ニ従シテ
夷島ニ渡リ新選組ニ合シテ
巳ノ五月十一日弁天岬砲台ニ於テ
戦死ス

津田丑五郎（つだうしごろう）

弘化2年（1845）〜明治2年（1869）5月11日

山城国（京都府）出身。

津田は歩兵から戦功を挙げて、士《し》官《かん》に取り立てられたと書かれている。洋装で描かれているのも歩兵出身らしい。新選組に入隊した時期ははっきりしないが、明治2年5月2日に行われた七重浜《ななえはま》（北斗《ほくと》市）に滞陣していた新政府軍への夜襲で負傷し、その後、弁天台場で戦死している。享年25。

山城ノ産ナリ　新選組ヱ
加入シ歩卒タリシ
カ戦功アルニヨリ士
官ニ取立ラレ　巳ノ五月十一日
箱館弁天岬於砲台ニ
戦死ス

長島五郎作

（ながしま ごろさく）

嘉永5年（1852）～明治2年（1869）5月11日

長島五良作
行年十八才
房州ノ産ナリ京地以来土方ニ従テ
夷島ニ渡リ巳ノ四月ヨリ五月ニ至ル迄
二タ股ニテ数度戦功アリ 五月十一日
ノ戦ヒニ終ニ討死ス

安房《あわ》国（千葉県）出身。

慶応3年10月頃に入隊か。京都時代から土方歳三に従っていたと記されている。具体的な動向は不明だが、数少ない蝦夷地の土方にとっては、京都以来の隊士であったようである。土方が勇名を馳せた明治2年4月からの二股口《ふたまたぐち》（北斗市）の防衛戦でも、数度の戦功を立てた。その土方と同じ明治2年5月11日に戦死。享年18。

房州ノ産ナリ　京地以来土方ニ従テ
夷島ニ渡リ巳ノ四月ヨリ五月ニ至ル
迄
二タ股ニテ数度戦功アリ　五月十一
日
ノ戦ヒニ終ニ討死ス

小窪 清吉
元唐津藩ナリ 辰ノ
十月廿四日三好胖ニ従テ
七重村ニテ戦死ス

小窪清吉（こくぼ せいきち）

弘化4年（1847）〜明治元年（1868）10月24日

肥前国（佐賀県）唐津藩士。主筋にあたる三好胖に従って転戦し、明治元年9月18日頃、仙台で新選組に入隊。三好が斃《たお》れた七重村の戦いで戦死。中島の絵をみると、左胸の出血を押さえているので、おそらくここを銃で撃たれたのだろう。小窪は幼い時から三好に仕えた近習《きんじゅう》だったという。三好とともに七重にある寺に埋葬された。享年22。

元唐津藩ナリ　辰ノ
十月廿四日三好胖ニ従テ
七重村ニテ戦死ス

あとがき

本書の序章の冒頭では、新選組《しんせんぐみ》を体制維持の保守的存在とする、池上彰《いけがみあきら》のテレビ番組での言葉を引用した。しかし筆者は、近藤勇《こんどういさみ》と新選組は、時代の変革者だったのではないかと考えている。

そのことは、新選組という組織の、軍事・情報におけるインテリジェンスに富んだ近代性を見れば、明らかだろう。もちろん、時代的制約はあるが、それが当時にあっては、極めて合理的なものであったことは論じた通りである。

新選組は、そのリーダーである近藤勇が突出して偉大だったわけではない。新選組は、組織化された浪人集団が、江戸時代の身分制社会の制約を打ち破っていったことに意義がある。

だから新選組が幕府を支持する組織だったからといって、保守的というのは当たらない。小栗忠順《おぐりただまさ》や岩瀬忠震《いわせただなり》など、幕末きっての開明派は、みな江戸幕府にいたのであり、いわゆる反幕府の勤皇派《きんのう》には、日本の近代の暗い通奏低音である、侵略主義の系譜に連なる者が大勢みられるのである。

明治維新というものを改めて見つめ直した時に、どちらが真の改革者であろうか。

近藤勇と新選組は、近代の幕開けにおいて、庶民の主体的な可能性を切り拓いていった。近藤は慶応4年（1868）4月25日、板橋《いたばし》宿のはずれで斬首という不名誉な死を遂げることになる。しかし、民衆にとって近藤勇と新選組は、魅力に溢《あふ》れるものであった。

昭和初期の大衆小説から、現代のアニメ・ゲームに至るまで、新選組の面々は縦横に活躍している。新選組が幕末という近代の開幕期に、善悪を問わず、その能力の限りを使って懸命に生きたことを、民衆は愛したのである。

これこそがまさに、明治維新にとって「不都合な真実」ではないだろうか。

なお、本書のコラム執筆に当たっては、明治大学博物館の勝見知世氏の協力を得た。そして編集全般にわたって、碧水社の原田浩司氏の手をわずらわせた。記して感謝の意を表する次第である。

吉岡　孝（よしおか・たかし）

１９６２年東京都国分寺市に生まれる。１９８６年國學院大學文学部史学科卒業。１９９２年法政大学大学院人文科学研究科日本史学専攻博士課程単位取得退学。２００６年國學院大學文学部専任講師。２００８年國學院大學文学部准教授。２０１７年國學院大學文学部教授。専攻は日本近世史。著書に『八王子千人同心』（同成社　２００２年）、『江戸のバガボンドたち』（ぶんか社　２００３年）、『八王子千人同心における身分越境―百姓から御家人へ―』（岩田書院　２０１７年）。監修に『内藤正成の活躍』（久喜市、２０１８年）、『空襲で消えた「戦国」の城と財宝』（平凡社　２０１９年）などがある。ブログ「青く高き声を歴史に聴く」blog.livedoor.jp/yoshiokaa1868を執筆。

明治《めいじ》維新《いしん》に不都合《ふつごう》な「新選組《しんせんぐみ》」の真実《しんじつ》

ベスト新書
604

二〇一九年一〇月一五日　初版第一刷発行

著者◎吉岡《よしおか》　孝《たかし》

発行者◎小川真輔
発行所◎株式会社ベストセラーズ
東京都豊島区西池袋五−二六−一九
陸王西池袋ビル四階　〒171-0021
電話　03-5926-6262（編集）
03-5926-5322（営業）
装幀・本文フォーマット◎坂川事務所
装幀◎フロッグキングスタジオ
編集制作◎碧水社
印刷所◎錦明印刷
製本所◎ナショナル製本
ＤＴＰ◎碧水社

ISBN 978-4-584-12604-2 C0221